NIEMALS

Folgen Sie uns!

Wir informieren Sie gerne und regelmäßig über Neuigkeiten aus der Welt des CONBOOK Verlags. Folgen Sie uns für News, Specials und Informationen zu unseren Büchern, Themen und Autoren.

 www.conbook-verlag.de/newsletter   www.facebook.com/conbook

2. Auflage
© Conbook Medien GmbH, Meerbusch, 2016
Alle Rechte vorbehalten.

www.conbook-verlag.de

Lektorat: Ulrike Ritter, www.textstern.net
Einbandgestaltung und Satz: David Janik unter Verwendung von Bildern
© istockphoto.com/sokano und © amnachphoto - Fotolia.com
Druck und Bindung: CPI books GmbH, Leck

Printed in Germany

ISBN 978-3-95889-108-1

Matthias Reich

Was Sie dachten,

NIEMALS

über JAPAN

wissen zu wollen!

Sushi, Godzilla, strahlende Atomkraftwerke und gebrauchte Damenwäsche aus Automaten – skurrile Gerüchte und bizarre Vorurteile gibt es über das Inselreich am Rande des Pazifiks wahrlich genug. Was allerdings die Wenigsten wissen: Die japanische Realität ist von all dem gar nicht weit entfernt.

Wussten Sie zum Beispiel, dass man in Japan rund ein Drittel eines Geschenkes in irgendeiner Form wieder zurückgeben soll? Oder dass es nichts Ahnungsloseres gibt als einen Taxifahrer in Tokyo? Dass Japaner ihre eigenen Orts- und Personennamen oftmals nicht lesen können? Und dass es kein elektrisches Gerät gibt, dem die Japaner mehr vertrauen als dem Fax?

In 55 unterhaltsamen, aber auch nachdenklichen Kapiteln klären wir Sie auf über das wahre Japan, das sich hinter dem fernöstlichen Schleier verbirgt und sich dem Fremden oft erst nach vielen Jahren erschließt. Trotz aller Exotik werden Sie dabei schnell merken: Japan ist skurril, Japan ist anders, aber auch in Japan kocht man nur mit Wasser – und einem Schuss Sojasoße, versteht sich.

MATTHIAS REICH

Matthias Reich hat ursprünglich Geografie studiert, arbeitet und lebt jedoch seit nun mehr als 10 Jahren als Geschäftsführer einer rein japanischen IT-Firma in Japan. Seit über 15 Jahren schreibt er an einer ausführlichen Webseite über seine Wahlheimat sowie für japanbezogene Magazine. Sein erstes Buch *(Japan – ein modernes Lesebuch)* erschien im Jahr 2012. Er schreibt und spricht fließend Japanisch und lebt mit seiner japanischen Frau nebst Kindern in Kawasaki.

INHALT

1 Im japanischen Nahverkehr ist
   Körperkontakt angesagt 14

2 In Japan lebt das Patriarchat noch 19

3 Hinter japanischen Ladentheken stehen
   willenlose Roboter 23

4 Japan ist die Heimat von Ineffizienz und Pfusch 27

5 Japaner sind einsame Spitze darin, den ersten
   Kontakt grandios zu verbocken 31

6 Die japanische Provinz ist nah dran,
   der Hintern der Welt zu sein 36

7 Japaner ist nicht gleich Japaner 41

8 Japaner führen einen irrwitzigen Kampf
   gegen die englische Sprache 45

INHALT

9   Japaner nehmen sich das Beste von
        Christentum, Buddhismus und Co. 50

10 In Japan gilt: Nach dem Beben ist vor dem Beben . . . 55

11 Die Naturwissenschaften sind den
        Japanern manchmal komplett egal 59

12 An japanischen Schulen lernt man
        nicht wirklich etwas fürs Leben 64

13 Japaner sind knallhart, auch beim Bestrafen 69

14 Japaner vertragen keinen Alkohol,
        trinken aber trotzdem, was das Zeug hält 73

15 Die schönste Nebensache der Welt kann
        in Japan so richtig kompliziert werden 77

16 Nach Toleranz sucht man in Japan vergeblich 80

17 Japanische Taxifahrer sind vermutlich
die ältesten der Welt 84

18 Japaner sind nicht so freundlich,
wie der Rest der Welt glaubt 88

19 Jemand hat vergessen, der Tierwelt mitzuteilen,
dass Japan ein sicheres Land ist 92

20 Katastrophenhilfe ist eine halbe Sache in Japan 96

21 Der japanische Staat zahlt gern auch Rente an Tote . 100

22 Eintönigkeit ahoi! Mit vier japanischen
Worten kommt man im Alltag durch 104

23 Auch mit Japanischkenntnissen ist man
in Japan verloren 109

24 Japaner haben echt keinen Sinn für Naturschauspiele . 113

INHALT

25 Japaner mögen es sehr,
sehr seicht 117

26 Japaner scheinen es zu mögen, wenn sich das
Essen auf dem Teller noch bewegt 121

27 Japan ist das Land, in dem in puncto
Glaube alles geht 126

28 Japanische Lebensmittel sind oft purer Giftmüll . . . 131

29 Früher wunderte sich in Japan niemand
über Mönche, die in Erdlöchern saßen 135

30 Die japanische Schrift spiegelt wider,
wie man im Land denkt 139

31 So mancher Japaner hat einen
zweifelhaften Literaturgeschmack 142

32 Japanische Politik ist ein Sumpf,
aus dem es kein Entrinnen gibt 146

33 Japaner könnten gut und gern auf
manche Bräuche verzichten 151

34 Japan biegt sich die eigene Vergangenheit zurecht . 155

35 Japanische TV-Shows sind nur was
für Hartgesottene 159

36 Manche Japaner wollen nur das Beste
von einem: das Geld 163

37 Japaner haben ein Faible für geborgtes Geld 168

38 Bei der Wahl des richtigen Schriftzeichens
liegen viele Japaner oft daneben 173

39 Japanische Frauen brauchen keine Gleichberechtigung . 177

INHALT

40 Japanische Küche kann mitunter
        eine echte Herausforderung sein 182

41 Viele Japaner schlagen sich nur mit
        Ach und Krach durch 186

42 Das eigentliche Zuhause des Japaners ist sein Büro . . 191

43 Die japanische Gesellschaft ist so kinderfeindlich
        wie kaum eine andere 195

44 In Japan sind Fremde willkommen, sofern sie
        das Land möglichst schnell wieder verlassen 200

45 In japanischen Wohnungen ist man seinem
        Nachbarn näher, als einem lieb ist 205

46 Japaner sind Meister im geistigen Diebstahl 210

47 In Japan gilt: Wo ein Stempel, da ein Weg 215

48   Gemeinnützigkeit und Betrug liegen
in Japan sehr nah beieinander 219

49   Japaner lieben Klamotten mit völlig
sinnfreien Aufdrucken 223

50   Japaner bringen sich lieber um,
als mit jemandem zu reden 227

51   Japaner sind nicht unbedingt als Tierfreunde bekannt . 231

52   Alle Japaner sind vernarrt in knubbelige,
manchmal echt hässliche Figuren 235

53   Wenn es um Sprache geht, werden Japaner richtig kreativ . 239

54   In manchen Dingen ist Japanisch die
vielleicht schwerste Sprache der Welt 243

55   Japans höchster Berg sorgt für Enttäuschung 247

VORWORT

Eigentlich gibt es genügend Bücher über Japan, möchte man fast meinen. Darunter viele lustige von Kurzzeitbesuchern und noch mehr todernste von Langzeitbesuchern und Akademikern. Dieses Buch ist jedoch etwas Anderes: Hier werden 20 Jahre Japanerfahrung, davon 12 ununterbrochen in Japan selbst, in 55 kurzweilige Geschichten verpackt. Geschrieben von jemandem, der am Telefon seinen japanischen Gesprächspartnern jedes Mal aufs Neue beteuern muss, dass er eben kein Japaner, sondern ein Ausländer sei.

Das Ziel ist ein Blick über den Tellerrand, in oftmals unbekannte Aspekte der japanischen Kultur, basierend auf Beobachtungen und unzähligen Gesprächen mit den Bewohnern – auf Japanisch. Und damit keine Missverständnisse aufkommen: Dem Autor würden über sein Heimatland mindestens genauso schnell 55 verschiedene Skurrilitäten einfallen.

1

IM JAPANISCHEN NAHVERKEHR IST KÖRPERKONTAKT ANGESAGT

Berufsverkehr

Nicht selten wird während der Stoßzeiten in den Großstädten Japans der letzte Fahrgast von drei Helfern ins Innere gedrückt. So sehr, dass manchmal sogar Scheiben zu Bruch gehen. Und es gibt durchaus noch mehr unangenehme Überraschungen.

Das Spektakel wiederholt sich jeden Morgen in Tokyo, Osaka und anderswo. Der Japaner beginnt generell etwas später mit der Arbeit, deswegen wird es erst ab 8 Uhr so richtig aufregend. Für den Weg ins Büro benutzt man einen der zahllosen Züge, die nicht selten im 2-Minuten-Takt die Ameisen aus den Bettenburgen in die vollversiegelten Innenstädte transportieren. Sind es noch 20 Kilometer bis zum Zentrum, sieht man meist schlafende Gestalten – einige sind schon seit fast einer Stunde unterwegs. Den Boden des Abteils kann man zu diesem Zeitpunkt noch ansatzweise erkennen. Bei Kilometer 15 wird es schon etwas enger, aber man schafft es noch, sich auch mal ein kleines bisschen Richtung Abteilmitte zu bewegen. An Sitzen ist allerdings schon lang nicht mehr zu denken: Wer diesen Anspruch mitbringt, soll gefälligst an der ersten Haltestelle einsteigen! Noch 10 Kilometer – allmählich wird es auch für japanische Verhältnisse eng. Besonders interessant wird es nun, die Revierkämpfe direkt an den Türen zu beobachten. Dabei spielt es eine große Rolle, in welchem Wagen man sich befindet und an welcher Tür man steht. Da die Züge in den Stationen auf den Zentimeter genau an den gleichen Stellen halten, wissen die Pendler, wo sie stehen müssen, um die beste Startposition zum Umsteigen zu haben.

Die Poleposition muss mühsam erkämpft werden, aber die Trophäe lohnt sich: Wer es schafft, direkt an der Treppe auszusteigen, muss sich nicht in einer riesengroßen grauen Masse Hunderte Meter lang zum nächsten Zug schieben lassen, sondern kann ganz frisch und frei seines Weges ziehen. Die Uniformität der Passagiere und das Schweigen im Abteil können auf Ausländer beklemmend wirken. Man fühlt sich tatsächlich wie in einer endzeitlichen Science-Fiction-Szenerie und fragt sich unweigerlich, ob den Menschen eigentlich klar ist, dass sie hier zu roboterähnlichen Wesen mutieren. Die Science-Fiction ist allerdings ganz real, denn es kommt leider allzu häufig vor, dass der Roboter im japanischen Nahverkehr streng riecht. Nach Knoblauch zum Beispiel oder nach zu viel Stress. Oder nach Schweiß. Oder nach allem auf einmal. Klassiker sind ein aufdringliches Parfüm oder nicht für die Öffentlichkeit vorgesehene Luft, die aus einer Körperöffnung entkrochen ist. Als Faustregel lässt sich hier sagen, dass Körpergröße ganz enorm weiterhilft. Schnappen die im Schnitt 1,60 Meter großen Japanerinnen irgendwo da unten röchelnd nach Luft, während sie beinahe zerquetscht werden, kann man die Sache mit westlich-männlicher Durchschnittsgröße schon etwas gelassener sehen.

Der morgendliche Berufsverkehr ist damit gelinde gesagt gewöhnungsbedürftig. Eine nicht sehr positive Besonderheit des japanischen Nahverkehrs sind gelegentliche Grapscher, im Japanischen *chikan* genannt, die die Sache vor allem für Frauen nicht unbedingt angenehmer machen. Grapscher nutzen die Enge der proppevollen Züge, um Frauen dort zu berühren, wo sie ganz sicher nicht von einem fremden Mann berührt werden wollen – in der Hoffnung, dass sie in der Menge unentdeckt bleiben. Aus diesem Grund haben die meisten Bahnlinien in Großstädten bereits Frauenwaggons eingeführt – wie der Name schon andeutet, dürfen dort während festgelegter Zeiten, meistens zwischen 7 und 9 Uhr morgens, nur Frauen (und Kinder) rein.

Wer jedoch denkt, dass sich die Lage zu fortgeschrittener Stunde entspannt, täuscht sich. Je später es wird, desto voller sind die Züge. Wer gegen Mitternacht den Heimweg antritt, wird nicht nur von vollgestopften Zügen entzückt sein, sondern auch von der Tatsache, dass nun mehr als die Hälfte der Fahrgäste betrunken ist. Es wird etwas lauter als tagsüber, obwohl sich der Pegel – gemessen beispielsweise an einem ähnlich bestückten Fußballfanzug in deutschen Gefilden – selbst dann noch in Grenzen hält. Richtig schlimm wird es, wenn sich ein Betrunkener im vollbesetzten Waggon dafür entscheidet, der retrograden Peristaltik nachzugeben, um den Mitgefangenen kundzutun, was es neben all den Getränken zu essen gab.

Um auf die Analogie zu den Ameisen zurückzukommen, ist es natürlich interessant, zu sehen, was passiert, wenn jemand im Ameisenhaufen herumstochert. Anders gesagt: Was passiert in einem Bahnhof, in dem pro Minute Tausende Passagiere ein- und aussteigen, einem Bahnhof, in dem jeder Vorgang auf die Sekunde genau abgestimmt ist, wenn plötzlich ein paar Züge ausfallen? Sofort laufen dann die Bahnsteige über, weil vorn nicht mehr abtransportiert wird, was hinten an neuen Menschenmengen hinzukommt. Wer nun einen Kollaps des Ameisenvolkes vermutet, wird sich wundern: Dank einer ausgeklügelten Informationspolitik werden fast alle anderen Reisenden umgehend informiert und weichen auf eine andere Ameisenstraße aus. Und zwar ohne Murren. Die Aufgabe des Stocherers im Ameisenhaufen übernehmen übrigens gern Selbstmörder, Taifune, Erdbeben oder Betrunkene.

Harte Fakten

Eine der ältesten Bahnlinien Japans ist die Yamanote-Linie; sie gibt es seit 1885. Auf knapp 35 Streckenkilometern gibt es 29 Stationen – und sechs der zehn meistfrequentierten Bahnhöfe der Welt. Die seit Jahren ungeschlagene Nummer 1 ist der Bahnhof von Shinjuku: Dort steigen tagein, tagaus knapp 4 Millionen Menschen aus oder um. Das ist in etwa so, als ob jeder einzelne Berliner sich täglich am Berliner Hauptbahnhof einfinden würde. Die Koordination dieser – nachts gern auch ziemlich angetrunkenen – Massen erfordert von den Betreibern ein Höchstmaß an Konzentration. Eine Umrundung der Yamanote-Linie dauert ziemlich genau eine Stunde und kostet umgerechnet 1,50 Euro. Deshalb preisen manche Reiseführer die Ringlinie als »kostengünstigste Stadtrundfahrt der Welt« an. Allerdings sieht man vom Zug aus fast nur die Rückwände der Häuser.

2

IN JAPAN LEBT DAS PATRIARCHAT NOCH

Gleichberechtigung

Die Reinkarnation eines Paschas lebt in Japan – bartlos und kaum zu etwas zu gebrauchen. Das Land hat die höchste Dichte an frauenfeindlichen Softies.

Irgendwann muss in Japan irgendwas passiert sein mit den Männern. War das Land vor 150 Jahren noch berühmt für feiste Kerle mit Prinzipien, die sich lieber auf recht kreative Weise entleibten, als mit einer Schmach zu leben, so weiß man heute manchmal nicht mal mehr, ob die Schwäche gespielt oder echt ist. Gerade junge Männer scheinen sich nach Leibeskräften zu bemühen, alles abzustreifen, was früher als männlich galt.

Aber ...

Natürlich gibt es sie auch in Japan, die »tollen Typen«, auf Japanisch *ikemen* genannt. Der Begriff ist eine Verballhornung des japanischen Wortes *ikeru* (»passt so!«) und des englischen Wortes *man*. Eigentlich gibt es also keinen Grund für die vor allem bei westlichen Ausländern vorherrschende Haltung, herablassend auf japanische Männer zu schauen. Zur Ehrenrettung muss wohl gesagt sein, dass es die japanischen Frauen sind, die an der Verbreitung männlicher Rollenklischees schuld sind: Von japanischen Männern erwarten viele junge japanische Frauen erst einmal gar nichts. Von einem westlichen Mann wird hingegen angenommen, dass er ein Kavalier ist, gern im Haushalt hilft und sowieso seine Angebetete tagtäglich auf Rosen bettet.

Würden japanische Männer einfach nur zum Kajalstift greifen, sich Barthaare einzeln ausrupfen und mit piepsigen, unsicheren Stimmen sprechen, ginge das vielleicht noch in Ordnung. Doch bei all der Weichspülerei haben sich japanische Männer diverse Eigenarten beibehalten, die manchmal vor allem für das westliche weibliche Auge abstoßend wirken. Gleichberechtigung ist ein Fremdwort, im Alltag wie in der Arbeit. Obwohl – gleichberechtigt sind Frauen dann, wenn es um Sitzplätze geht oder das Tragen schwerer Sachen: Es gehört zum Verhaltenskodex, Frauen, egal wie schwanger sie sein mögen, auf gar keinen Fall einen Sitzplatz zu überlassen. Tür aufhalten? Um Gottes willen. Eine Last abnehmen? Wieso denn, das können sie doch selbst tragen. Das eigene Wohl ist da wesentlich wichtiger. In der Ehe geht es weiter: Wenn man schon mal einen freien Tag hat, will man auch seine Ruhe haben, also sollte die Frau dafür sorgen, die eigene Brut auf Distanz zu halten. Lieber geht man zum *Pachinko*, wo es ja auch so schön ruhig ist.

Harte Fakten

Pachinko ist *das* japanische Glücksspiel schlechthin: Es handelt sich um Daddelautomaten, in die man oben viele kleine silberne Kügelchen reinkippt, damit sie auf geheimnisvollen Umwegen ihren Weg nach unten finden. In *Pachinko*-Hallen reihen sich Hunderte dieser Automaten aneinander – jeder davon macht einen Höllenlärm. Es gehört zu jedem Japanbesuch, sich mindestens einmal so nah an eine der automatischen Türen einer *Pachinko*-Halle heranzutrauen, bis diese sich öffnet und gefühlte 140 Dezibel herausklingen.

Gewinnen kann man beim *Pachinko* viel mehr kleine Kügelchen. Laut Gesetz ist das Glücksspiel verboten, deswegen gibt es offiziell keinen Gewinn. In der Praxis werden die Kugeln jedoch am Ende aufgewogen, und man bekommt dafür zum Beispiel einen ganz besonderen Kugelschreiber oder irgendetwas anderes, das es nur in der *Pachinko*-Halle gibt. Damit geht man dann zu einem in der Nähe gut versteckten sogenannten »TUC-Shop«, in dem man den Kugelschreiber für eine festgesetzte Summe »verkaufen« kann.

Frauen am Arbeitsplatz haben es ebenfalls nicht leicht. Eine Karriere ist in den meisten Firmen nicht vorgesehen: Man erwartet, dass die Frauen mit 25, spätestens mit 30 Jahren wegen der Geburt des ersten Kindes die Firma verlassen – und zwar für immer, um Herd und Kind zu hüten. Dementsprechend werden ihnen auch nur die einfachsten Arbeiten überlassen: Kaffee kochen oder kopieren zum Beispiel. Hat eine Angestellte etwas mehr Holz vor der Hütte als der Durchschnitt, was in

Japan bekanntlich eher selten ist, kann sich die Arme auf nie enden wollende Kommentare gefasst machen. Kein Wunder, dass viele Japanerinnen wirklich schleunigst für immer aus solch einer Firma verschwinden wollen.

Wenn die geschätzten männlichen Kollegen doch wenigstens mehr auf dem Kasten hätten! Mittlerweile studieren in Japan mehr Frauen als Männer, und nicht selten ist die Kaffee- und Kopierdame um einiges smarter als ihre Vorgesetzten. Wenn eine Frau dann doch mal Karriere macht, zum Beispiel in der Politik, kann es vorkommen, dass ein Kollege während einer Rede vor dem Parlament ausruft: »Und wann heiraten Sie endlich und bekommen Kinder?« Dementsprechend ist es kein Wunder, dass Japan im sogenannten World Gender Gap Report von 2015 weit abgeschlagen auf dem 104. Rang landete, hinter Armenien, Tadschikistan und Ghana. Interessanterweise ist noch immer keine Bewegung zu erkennen, die diese Zustände in absehbarer Zukunft ändern könnte. Den japanischen Männern scheint das recht zu sein, und eine japanische Alice Schwarzer kann man sich selbst mit viel Fantasie nicht vorstellen.

3

HINTER JAPANISCHEN LADENTHEKEN STEHEN WILLENLOSE ROBOTER

Dienstleistung

Japanische Kunden gelten als die anspruchsvollsten (man könnte auch sagen mäkligsten) der Welt. Sobald eine Verbeugung nicht tief genug oder das Lächeln nicht so strahlend wie erhofft ist, kann es Ärger geben – und zwar richtig. Umgehend wird dann nach dem Geschäftsführer gerufen, und wehe, wenn der nicht den richtigen Verbeugungswinkel und die richtigen Höflichkeitsfloskeln beherrscht.

Da der Kunde in Japan so anspruchsvoll ist, muss sich der Dienstleistungssektor entsprechend anpassen und alles tun, um Beschwerden zu vermeiden. So wurde ein Kundenservice geboren, der weltweit als einmalig gepriesen wird. Dahinter steckt sehr viel Schweiß. Um zu gewährleisten, dass alle Angestellten wirklich ihr Bestes geben, werden tagein, tagaus Hunderte Richtlinien geschrieben und gepaukt. Das Resultat ist beeindruckend. Jeder Handgriff scheint zu sitzen, alle Mitarbeiter lächeln und sind freundlich. Man fühlt sich als Kunde in der Tat wie ein König, und es sorgt für ein hohes Maß an Verwirrung, wenn man nach längerem Japanaufenthalt wieder nach Europa zurückkehrt, wo man nicht selten das Gefühl hat, nicht Kunde, sondern Störenfried zu sein.

Aber ...

So unnatürlich das Verhalten der Verkäufer auf Ausländer auch wirken mag, der japanische Kundenservice funktioniert bestens und es fällt schwer, sich davon nicht einlullen zu lassen. Wenn etwas mal nicht hinhaut, muss man sich nicht mit mürrischen Angestellten herumschlagen, sondern kann das Problem recht zügig beheben lassen. Dies gilt im Übrigen nicht nur für den Einzelhandel, sondern interessanterweise auch für die meisten Ämter und für Institutionen wie Post oder Eisenbahn. Das alles ist unzähligen Richtlinien zum Umgang mit Kunden zu verdanken – die wiederum aus Beschwerden seitens der Kunden in der Vergangenheit entstanden sind. Denn nichts fürchtet man mehr als einen zornigen japanischen Kunden.

Doch es ist nicht alles Gold, was glänzt. In Japan bekommt man als Kunde für jede noch so winzige Kleinigkeit, die man einkauft, eine Plastiktüte. Tag für Tag gehen viele Millionen davon über die Ladentheke. Als ich einmal mit einem Buch in der Hand von einem Wolkenbruch überrascht wurde, ging ich zum nächstgelegenen Supermarkt und fragte freundlich an der Kasse, ob man mir eine Plastiktüte geben könne. Man konnte nicht! Es ging einfach nicht. Da ich nichts eingekauft hatte, war ich nicht berechtigt, eine Plastiktüte zu bekommen. Die Absage war dabei keineswegs schnippisch, sondern mit vielen Entschuldigungen verbunden: »Es tut uns wirklich sehr, sehr leid, aber das können wir wirklich nicht machen! Wir verstehen, dass Sie eine Plastiktüte brauchen bei dem Regen, aber wir können keine umsonst herausgeben. Wir hoffen aber, dass Sie uns bald wieder beehren!« Nein, das war keine Boshaftigkeit, sondern ganz sicher eine eiserne Regel aus dem Handbuch für den Umgang mit Kunden.

Harte Fakten

Japanische Kunden sind fixiert auf Entschuldigungen. Und die müssen aufrichtig sein – man verlangt nicht nur nach einem schlichten *gomennasai* (das einfachste Wort für eine Entschuldigung, das in dieser Form jedoch als Affront aufgefasst werden würde), sondern nach *seii*, einer ehrlich gemeinten Entschuldigung, am besten vorgetragen vom Vorgesetzten. Als höchste Form der Entschuldigung gilt das *dogeza,* bei dem man kniet, mit der Stirn den Boden zwischen den beiden vorgestreckten Händen berührt und dabei »Entschuldigung, Entschuldigung!« ruft. Dieses in westlichen Ländern auch als Kotau (wörtlich: Kopfstoßen) bezeichnete, aus China stammende Ritual wird durchaus auch heute noch in Japan praktiziert – wenn auch nur selten. Interessanterweise gaben bei einer Umfrage unter japanischen Angestellten nur rund 12 % an, dass sie einen Kotau als aufrichtige Entschuldigung betrachten.

Ein anderes Mal checkte ich auf einer Dienstreise in einem Hotel in Hiroshima ein. Dort stand an der Rezeption ein Schild mit dem Hinweis, dass man seinen mobilen Computer beim Empfang aufladen lassen könne. Das sei der neueste Service des Hotels und natürlich kostenlos. Das gefiel mir, denn ich musste gleich weiterziehen, währenddessen aber meinen Tablet-PC aufladen. Die Geräte waren zu diesem Zeitpunkt gerade auf den Markt gekommen und noch nicht sehr verbreitet. Also reichte ich mein iPad und das Ladegerät hinüber und fragte, ob ich den Aufladeservice nutzen könne. Diese schlichte Bitte löste eine ganze Kette von Reaktionen aus. Die Empfangsdame begutachtete das Gerät und drückste herum. Sie rief nach ihrem Kollegen, der das iPad ebenfalls eher ratlos anstarrte. Der Unterhaltung zwischen den beiden konnte ich entnehmen, dass man sich nicht entscheiden konnte, ob es sich beim besagten Gerät wirklich um einen mobilen Computer handelte oder nicht. Im Zweifelsfall würde das nämlich gegen die Regeln des Hotels verstoßen. Und man fürchtete Ärger mit dem Vorgesetzten. Also rief man noch den diensthabenden Manager hinzu, und es entbrannte daraufhin eine beinahe philosophische Diskussion (»Das hat ja gar keine Tastatur!«). Man kam zu dem Schluss, dass ein iPad kein Telefon sei, also müsse es sich wohl um einen Computer handeln. Der wiederum muss aufgeladen werden, weil man ja genau das angeboten hat. Das war also das positive Endergebnis nach 10 Minuten Diskussion.

Es gibt noch viele andere Beispiele, und man merkt schnell: Der hervorragende Service in Japan hat seine Grenzen. Eigentlich hat man es fast immer lediglich mit gut trainierten Robotern zu tun, denen jedes freie, unkonventionelle Denken abgesprochen wird. Nach richtig gutem, aufrichtigem Service muss man auch in Japan lange suchen.

4

JAPAN IST DIE HEIMAT VON INEFFIZIENZ UND PFUSCH

Alltagsleben

Nach außen hin hat Japan das Image eines High-tech-Landes. Dabei erlebt man vor Ort so viel Stümperei und Ineffizienz, dass man sich oft genug fragt, wie es das Land eigentlich so weit bringen konnte.

Ah, da ist sie ja, die detaillierte Beschreibung, wie der Kunde seine Website eingerichtet haben möchte. Und es liegt sogar ein grober Designentwurf bei. Das ist sehr nett und sehr hilfreich. Nun, vom Designentwurf steht zwar etwas in der E-Mail, aber wo ist er nur? Ich sehe nur Excel-Dateien als E-Mail-Anhänge. Kann es etwa sein, dass … Ja, es kann! Das Layout, sämtliche Beschreibungen und sogar Fotos von der letzten Firmenfeier sind allesamt im Excel-Format abgespeichert. Und außerdem mit der Bitte versehen, die ersten Skizzen per Fax zu schicken. Denn so viel steht fest: Japaner lieben ihr Excel. Und sie lieben ihr Fax. Und ehe sie etwas Neumodisches verwenden, wird lieber irgendwie mit Biegen und Brechen an Altbewährtem festgehalten.

Aber...

Wenn schon Effizienz nicht unbedingt die größte Stärke japanischer Firmen ist, dann macht man das mit anderen Konzepten, die mit eiserner Beharrlichkeit angewendet werden, oft wieder gut. Und mehr als das: Trotz der Ineffizienz gelten viele japanische Systeme und Produkte als die zuverlässigsten der Welt. Man denke nur an japanische Autos mit ihren zumeist hervorragenden Pannenstatistiken oder an den Hochgeschwindigkeitszug Shinkansen, der in mehr als 50 Jahren nicht ein einziges Mal einen Unfall hatte – trotz all der Erdbeben und Taifune.

Ineffizienz in ihrer ganzen tragischen Reichweite kann man besonders schnell im japanischen Bankensystem entdecken. Unter dem Deckmantel der Sicherheit werden den Kunden haarsträubende Regeln aufgezwungen, mit denen man bei jeder noch so simplen Überweisung zu kämpfen hat. Das Gleiche gilt für den IT-Bereich, in dem Japan etliche Jahre hinter anderen Ländern hinterherhinkt. So bieten zum Beispiel japanische Banken meist Internetbanking an, die Systeme kann man aber aus unerklärlichen Gründen oft an Wochenenden nicht benutzen. Eine der größten Banken des Landes, Mizuho, ermöglicht seinen Firmenkunden, online alle Transaktionen mitzuverfolgen, aber die Übersicht darüber kann man sich exakt ein einziges Mal ansehen – danach nicht mehr. Warum? Das bleibt das große Geheimnis der Bank. Wer vergessen hat, sich die Transaktionen zu notieren, muss eben doch mit dem Bankbuch zur nächsten Filiale laufen und sich dort die Kontoauszüge ausdrucken lassen.

Ähnlich groß wie die Liebe zu Excel und Fax ist in Japan auch die Affinität zum Internet Explorer. Einige Banken erlauben für die Benutzung des Internetbankings nur einen einzigen Browser – besagten Explorer. Wer keinen Windows-Rechner besitzt, hat damit eben mal verloren und muss sich entsprechend arrangieren oder die Bank wechseln.

Gut zu wissen

Einen wichtigen Grund für die mitunter grobe Stümperei findet man in der Art und Weise, wie die Bildung und die Japan AG an sich funktionieren. Das Studienfach hat nur allzu oft rein gar nichts damit zu tun, was Japaner später im Beruf machen. Außerdem hat man in einer Firma nur selten einen fixen Posten. Stattdessen rotiert das Personal, sodass jeder Mitarbeiter nach einigen Jahren alles schon mal irgendwann gemacht hat. Das hat natürlich seine Vorteile – die Angestellten wissen schließlich irgendwann, wie alles zusammenpasst. Doch führt das Rotationsprinzip auch dazu, dass Mitarbeiter, die neu in einer Abteilung sind, keinen blassen Schimmer davon haben, wie etwas richtig gemacht werden soll.

Die Stümperei bleibt selten ohne Folgen – da ist Japan kein Einzelfall. Das Atomkraftwerk von Fukushima, das nach dem Erdbeben und dem Tsunami vom 11. März 2011 havarierte, ist nur das prominenteste Beispiel. Letztendlich kam es zu dem folgenschweren Unfall nicht wegen des Erdbebens und des Tsunamis, sondern wegen der Verkettung zahlreicher

Fälle unverzeihlicher Stümperei. Der Unfall hätte vermieden werden können. Die Fehlentscheidungen und provisorischen Lösungen gingen nach dem Unfall munter weiter, sodass man sich unweigerlich fragen muss, ob die Betreiberfirma wirklich weiß, was sie da tut.

Die japanische Tendenz zum Pfusch muss nicht immer böswillig oder beabsichtigt sein. Sie kann auch durch das System entstehen, wie das schwere Zugunglück von Amagasaki im Jahr 2005 zeigte. Ein bereits vorher schwer getadelter Lokführer fuhr mit stark überhöhter Geschwindigkeit in eine Kurve, um eine Verspätung aufzuholen. Er bezahlte dafür mit dem Leben und mit ihm mehr als 100 Passagiere, die mit dem Zug auf ein direkt neben den Gleisen stehendes Wohnhaus prallten. Die Tatsache, dass ein 23-Jähriger ganz allein einen mit Hunderten Menschen besetzten Zug mit viel zu hoher Geschwindigkeit in eine Kurve fahren kann, zeugt von Stümperei großen Ausmaßes.

Auch im Bausektor trifft man auf viel Murks, was in Japan besonders verheerend ist – immerhin befinden wir uns in einem Land mit schweren Erdbeben oder Taifunen. Eigentlich sind die neueren Bauwerke ziemlich erdbebensicher – es sei denn, man verwendet minderwertigen Beton oder verrechnet sich ein bisschen. Das kommt durchaus häufig vor und sorgt dann für böse Überraschungen.

5

JAPANER SIND EINSAME SPITZE DARIN, DEN ERSTEN KONTAKT GRANDIOS ZU VERBOCKEN

Ausländer I

Würstchen, Bier und prima Freunde seit spätestens 1939. Wer in Japan seine deutsche Herkunft preisgibt, sollte sich auf einiges gefasst machen. Aber das geht nicht nur Deutschen so.

Sicher, man kann von niemandem, ob in Japan oder anderswo, erwarten, ein profundes Wissen über fremde Länder parat zu haben, wenn man mal zufällig einen Zugereisten trifft. Auch ist in jeder Nation das Bild anderer Länder und Völker von Stereotypen geprägt, die sich auf die eine oder andere Weise ins Bewusstsein der Menschen geschlichen haben. Wer denkt bei Japan nicht sofort an Sushi, Gozilla, Tokyo, Animes, Kampfsportarten und dergleichen?

Aber ...

Viele Japaner haben ein sehr großes Interesse am Ausland und stecken sehr viel Energie in das Vorhaben, mehr darüber zu erfahren. Das schlägt sich, wenn auch selektiv, in der Bildung nieder. So stehen die Chancen nicht schlecht, dass sich der japanische Gesprächspartner wesentlich besser mit österreichischer oder deutscher klassischer Musik auskennt als man selber. Auch in Geschichte, Philosophie und einigen anderen (bevorzugt kulturnahen) Bereichen kann der Japaner durchaus einen Wissensvorsprung haben.

Der erste Kontakt mit Japanern und die Offenbarung der eigenen Nationalität sind nicht selten von absoluter Ahnungslosigkeit aufseiten des japanischen Gesprächspartners geprägt – und vom Auskosten jedes erdenklichen Fettnäpfchens. Political Correctness? Aber nicht doch! In Japan hat es sich zum Beispiel noch nicht herumgesprochen, dass Deutsche womöglich ein ambivalentes Verhältnis zur eigenen Geschichte haben. Hitler gilt bei vielen noch immer als ganz toller Mensch, der doch einiges geleistet hat und auf den man stolz sein sollte. Das ist vor allem bei älteren Japanern verbreitet, die dem ahnungslosen deutschen Besucher, quasi als Bestandteil eines ersten Small Talks, kumpelhaft auf die Schulter klopfen und sagen: »Nächstes Mal dann aber ohne Italien, oder?« Zugegebenermaßen fällt es schwer, darauf eine passende Antwort zu geben. Belehrungen kann man sich an dieser Stelle, zumindest gegenüber älteren Japanern, getrost schenken, denn das wäre das Gleiche wie – um es mit einem japanischen Sprichwort zu umschreiben – einem Pferd Sutren vorzutragen.

Eine typische Unterhaltung läuft nicht selten nach dem folgenden Schema ab – und das kann überall in Japan passieren: beim Friseur, in einer Bar, im Zug, vor oder nach einem Meeting:

Yamada Taro: »Hallo, woher kommen Sie?«

Otto Fritz: »Aus Deutschland.«

Yamada Taro: »Ah, aus Deutschland! Ein sehr schönes Land!«

Otto Fritz: »Danke!«

Yamada Taro: »Ich spreche leider gar kein/nur ein bisschen Deutsch. Warten sie mal ... Ah ja: Isch liebe disch!«

Otto Fritz: »Na, das klappt doch schon ganz gut!«

Yamada Taro: »Ach, Deutschland! Würstchen! Bier! Und erst die Autos! BMW! Mercedes Benz!«

Otto Fritz: »Nun ja, es gibt da noch mehr als nur Würstchen und Bier ...«

Yamada Taro (in dem Punkt eher desinteressiert): »Und wissen Sie, Japaner und Deutsche sind sich ja auch irgendwie sehr ähnlich.«

Otto Fritz: »Ach was?«

Yamada Taro: »Kein Wunder, dass Japan und Deutschland deshalb im Krieg zusammen gekämpft haben.«

Und so weiter.

Die Fähigkeit, zwei Minuten nach dem ersten Gruß den Bogen zur gemeinsamen unrühmlichen Vergangenheit zu schlagen – natürlich ohne boshafte Absichten – ist etwas, das in einem Gespräch mit einem Japaner alles andere als außergewöhnlich ist. Das Beispiel deutet schon an, dass es Political Correctness, im Westen gleichsam verflucht wie gelobt, in

Japan in dem Sinne nicht gibt. Erstaunlicherweise konfrontieren Japaner Ausländer auch sehr gern mit persönlichen Fragen, die sie einem anderen Japaner auch nach längerer Bekanntschaft nie stellen würden – zum Beispiel Fragen nach dem Familienstand oder der Religion.

Manchmal kommt der Ball auch aus einer ganz anderen Ecke geflogen. Dazu gehört die vorrangig von jüngeren Japanern gestellte Frage »Gibt es eigentlich in Deutschland Eisenbahnen?«. Ganz baff ob dieses eigenartigen Themas ging ich der Sache auf den Grund und wollte wissen, was die Fragende auf den Gedanken gebracht habe, dass es in Deutschland womöglich keine Züge gibt. Die Antwort war eigentlich nicht ganz unlogisch: Deutschland ist bekannt als Land der Automobilbauer und dazu noch durchzogen von Autobahnen, auf denen es kein Tempolimit gibt, also wäre es doch möglich, dass man in Deutschland keine Eisenbahnen braucht.

Gut zu wissen

Das Wissen über andere Länder ist auch in Japan durch Schablonen geprägt – interessanterweise werden die vom Staat vorgegeben. Diese Schablonen nennen sich *nintei kyōkasho* – wörtlich »offizielles Lehrmaterial« – und müssen vom reichlich konservativen Bildungsministerium (kurz: MEXT) genehmigt werden. Das sorgt dafür, dass alle Japaner ein identisches (Halb-)Wissen über den Rest der Welt haben. Wer mehr über das Ausland lernen möchte, muss sich das anlesen oder selbst dorthin reisen – beides sehr beliebte Hobbys in Japan. Der lockere Umgang mit der Geschichte rund um den Zweiten Weltkrieg ist übrigens das

Resultat einer nahezu völlig fehlenden Aufarbeitung der eigenen Vergangenheit: Sehr viele Japaner, auch jüngere, halten Japan dank der Geschichtsauffassung des MEXT eher für ein Opfer als für einen Täter im Zweiten Weltkrieg und Geschichten über Gräueltaten für bösartige Propaganda aus China und Korea.

6

DIE JAPANISCHE PROVINZ IST NAH DRAN, DER HINTERN DER WELT ZU SEIN

Landleben

So malerisch die ländliche Gegend in Japan auch aussieht: Man sollte sich sehr genau überlegen, ob man hier reisen, länger verweilen oder gar wohnen möchte.

Japan ist bekannt für seine lauten und quirligen Städte, für seine Vulkane, heißen Quellen, den Shinkansen und vieles mehr. Es ist weniger bekannt für sein malerisches Landleben, und das ist kein Wunder. Dabei muss man als Mitteleuropäer den Begriff Ländlichkeit in Japan erst einmal neu definieren. Auf dem Land leben heißt in Japan nicht, dass die nächste Stadt quasi um die Ecke liegt und mehrere Straßen ins Dorf führen. Japan besteht zu 80 % aus Bergen, und fast alle Berge sind bewaldet. Dörfer liegen in der Regel wirklich abseits – mit nur einer einzigen Zufahrtsstraße, die aufgrund der verschiedenen Naturgewalten gelegentlich komplett unbefahrbar wird. Von der Außenwelt abgeschnitten zu sein, klingt spektakulär,

ist aber in Japan gang und gäbe, vor allem nach Taifunen, Erdbeben und – das ist die häufigste Ursache – wegen Schnee-
mengen, die man sich gar nicht vorstellen kann.

Aber ...

Viele Gegenden in Japan sind nahezu unberührt und damit
für Naturfreunde unglaublich verlockend. Auch die intakte
Natur verdankt man der Topografie, denn es gibt einfach
viel zu viele Berge im Land. Wer sich in Japan für ein Leben
auf dem Land entscheidet, braucht zudem kaum Startkapi-
tal. Die Häuser sind entweder spottbillig oder gelegentlich
auch umsonst. Es gibt sogar Gemeinden, die Grundstücke,
Häuser und manchmal einfach umgerechnet Zehntausende Euro an Neuansiedler verschenken. Der Haken: Man
muss sich dazu verpflichten, mindestens 20 Jahre auch
wirklich dort zu wohnen.

Kurzum: Das Leben auf dem Land ist kein Zuckerschlecken und
entsprechend wenig reizvoll für junge Menschen. Das ist keine japanische Besonderheit, aber das Ausmaß der Landflucht
in Japan ist erschreckend. Die Anzahl der verwaisten Dörfer
nimmt drastisch zu, und in vielen Gemeinden wird der Alters-
durchschnitt maximal von ein paar wenigen 60-Jährigen nach
unten gedrückt. Der Rest ist in der Regel um die 80 Jahre alt
und geht schon mal langsam auf das Licht zu. Die Infrastruktur
kann man maximal als rudimentär bezeichnen – wer mal eben
frische Milch braucht, kann sich nur in sein Auto setzen und
Dutzende Kilometer weit fahren. Es sei denn, man hat einen

ebenfalls Milch trinkenden Nachbarn, der einem über die Runden helfen kann, oder ein paar Kühe im Stall.

Kommt man als Ausländer in ländliche Gegenden, muss man sich darauf einstellen, einiges zu hören zu bekommen – immerhin besteht die reelle Chance, dass die Dorfkinder noch nie zuvor einen nicht asiatischen Ausländer gesehen haben. Die häufigste Reaktion ist dann lautes Kreischen und Sich-hinter-Büschen-Verstecken. Wer will es ihnen verübeln. Auf dem Land ist es auch ganz normal, dass sich im Bus ein ausgewachsener Yakuza auf dem Nebensitz breitmacht. Zwar sind die eher unangenehme Zeitgenossen und zudem noch ultranational, aber wenn man sich mit dummen Bemerkungen zurückhält, gibt es keine Probleme.

Harte Fakten

Yakuza gibt es schon seit mehreren Jahrhunderten – sie bildeten sich als Gruppen von Outlaws, die nicht in die üblichen Stände (Samurai, Bauern, Handwerker, Handelsleute) passten und schon von Anfang an versuchten, sich ein Robin-Hood-Image zuzulegen. Das ist noch heute so – nach einem schweren Erdbeben sind die Yakuza schnell vor Ort mit Suppenküchen. Letztendlich sind die Yakuza jedoch als kriminell einzustufen, da sie viel mit Prostitution, Erpressung, Drogen und mehr zu tun haben.

In Japan gibt es geschätzte 80.000 Yakuza, doch seit die Regierung in den 1990er-Jahren damit begonnen hat, mit voller Macht gegen die Gruppierungen vorzugehen, haben es die Mitglieder der verschiedenen Clans immer schwerer. Den Yakuza werden de facto Bürgerrechte aberkannt, indem allen Banken, Vermietern und sonstigen Firmen strikt verboten wird, Yakuza (und die sind deutlich als solche erkennbar) zu bedienen. Im offiziellen Sprachgebrauch darf auch das Wort Yakuza nicht mehr benutzt werden – stattdessen sagt man *boryokudan* (»gewaltbereite Gruppe«).

Die Yakuza sind aber nicht nur die berühmte Schattengesellschaft Japans mit einem strikten Verhaltenskodex, sondern auch glühende Nationalisten – mit Koreanern, Chinesen und Russen als Lieblingsfeinden.

Das japanische Land ohne eigenes Auto zu bereisen, ist ein sehr gewagtes Unterfangen, denn nicht selten gibt es gerade mal ein oder zwei Busse am Tag. Für Fans der entschleunigten Reise ist das natürlich ein Fest. Solange man etwas zu essen dabeihat, denn Geschäfte gibt es natürlich auch so gut wie keine. Von Ärzten und anderen Errungenschaften der Zivilisation mal ganz zu schweigen.

7

JAPANER IST NICHT GLEICH JAPANER

Diskriminierung

Indien ist berühmt-berüchtigt für sein Kastenwesen, und es gibt genügend grauenvolle Geschichten über die Art, wie die Dalit, die »Unberührbaren«, behandelt werden. So etwas ist in einer hoch entwickelten Industrienation wie Japan undenkbar. Oder?

Taro Yamada trifft eines Tages auf Miho Suzuki und ist sofort von ihr angetan. Ihr Lächeln, ihr Charme, ihre spröde und doch zärtliche Art. Ein bisschen flirten, und sieh an, man trifft sich zum ersten Date. Alles scheint gut zu laufen, und wie es nun mal in Japan und anderswo ist, bekommen die Eltern davon zunächst nichts mit, schließlich stellt man seinen Partner erst dann vor, wenn es wirklich ernst wird. Taro und Miho leben in verschiedenen Stadtteilen Osakas. Als man sich nach vielen Monaten entschließt, die Eltern einzuweihen, werden die beiden jäh aus dem siebten Himmel gerissen. Denn Mihos Vater war nicht faul und hat eine Agentur damit beauftragt, den Schwiegersohn in spe zu durchleuchten. Dabei kam ans

Licht, dass er angesichts seiner Wohngegend möglicherweise von den *burakumin* abstammt. *Burakumin,* manchmal auch als *eta* oder *hinin* (Letzteres bedeutet wörtlich »Unmensch«) bezeichnet, wurden die Menschen genannt, die früher auf irgendeine Art und Weise beruflich mit Toten zu tun hatten. Das ist durchaus im weiteren Sinne zu verstehen: Nicht nur Fleischer und Abdecker zählten dazu, sondern auch Gerber, die entsprechend abseits der anderen Bewohner lebten. Der Tod ist im Shintoismus etwas Unreines, weshalb man ja auch die Beerdigungen den Buddhisten überlässt.

Aber ...

Der Gesetzgeber hat bereits einiges dafür getan, um eine Diskriminierung der *burakumin* zu vermeiden, schließlich handelt es sich ja dabei nicht einmal um eine Volksgruppe. Ob die Gesetze fruchten, ist nicht so einfach zu bewerten, aber vor allem junge Japaner wissen heutzutage nicht mehr viel über den Hintergrund der *burakumin*. Mit anderen Worten: Es spielt einfach keine Rolle für sie. Die offizielle Bezeichnung für Stadtviertel und deren Bewohner, die von der Diskriminierung betroffen sind, lautet *hisabetsu buraku* – »von Diskriminierung betroffene Siedlung«.

Wie es nun mal so ist, hatten es die Gerber, Fleischer und Abdecker vor Jahrhunderten schon schwer, ihrem Schicksal zu entrinnen. Ein Aufstieg in eine der vier höheren Kasten – Kaufleute, Handwerker, Bauern und Samurai – war nahezu unmöglich. Noch heute verraten sich *burakumin* gelegentlich durch ihren Familiennamen, mehr aber noch durch den Wohnort, denn es gibt in den meisten Städten Viertel, denen nachgesagt wird, dass dort besonders viele *burakumin* leben. Natürlich unter Bedingungen, die gemessen an der restlichen Bevölkerung weit unter dem Durchschnitt liegen.

Wer im japanischen Internet nach Informationen über die *burakumin* sucht, wird schnell fündig. Allerdings auf erschreckende Weise, denn auch in der modernen Informationsgesellschaft wird die Herkunftskarte schnell gezogen, um unliebsame Menschen zu diffamieren – und das findet sich gelegentlich auch im Alltagsleben. Schon immer wird dabei die Zahl Vier benutzt. Wer vier Finger (außer dem Daumen) ausstreckt, meint damit *burakumin,* und dafür gibt es zwei unterschiedliche, aber in beiden Fällen unerfreuliche Herkunftslegenden. Eine davon besagt, dass *burakumin* nur vier Finger an einer Hand haben und damit nicht zu den Menschen zählen. Die andere Legende behauptet, dass *burakumin* auf allen Vieren laufen und somit auf der gleichen Stufe wie Tiere stehen. Und so hört man gelegentlich ältere Japaner Dinge sagen wie »Dort drüben ist das Viererviertel«.

Gut zu wissen

Leider hat der eingangs erwähnte Hintergrundcheck potenzieller Schwiegertöchter und -söhne immer noch Konjunktur, genauso wie die eigentlich verbotene Überprüfung von Jobbewerbern. Und es gibt viele Gründe, die der betroffenen Person einen Strich durch die Rechnung machen können. Dazu zählt vor allem die Herkunft. Koreanische oder chinesische Vorfahren? Kann schwierig werden. Aus dem Osten der Präfektur Fukushima? Kann seit 2011 auch schwierig werden. Als eine junge Frau aus der Gegend der Atomruine im Fernsehen interviewt wurde, klagte sie laut: »Wer soll mich denn jetzt noch heiraten?« Diese Aussage spricht Bände. Selbst wenn also die *burakumin* aus dem Gedächtnis der Japaner verschwinden sollten, so bleibt das eigentliche Problem bestehen: Diskriminierung ist in Japan noch immer hoffähig.

Und wie geht es bei dem jungen Paar weiter? Taro und Miho beschließen dennoch, zu heiraten und weit weg, nach Tokyo, zu ziehen. Dort schert man sich weniger darum, ob jemand von den *burakumin* abstammt oder nicht. Irgendwann bekommen sie Kinder, doch die wird Mihos Vater nie besuchen. Einzig Mihos Mutter hat ein Nachsehen und schickt gelegentlich heimlich Geld an ihre Tochter.

8

Japaner führen einen irrwitzigen Kampf gegen die englische Sprache

Fremdsprachen

Japan ist seit Jahrzehnten eine große Wirtschaftsmacht und mischt überall auf dem Planeten mit.
Das ist insofern erstaunlich, als die meisten Japaner
quasi kein Englisch können.

Bei meinem ersten Besuch in Japan vor gut 20 Jahren war ich
nahezu gänzlich unbelastet von Japanisch-Kenntnissen. Also
blieb nur Englisch, um sich irgendwie verständlich zu machen. Schnell lernte ich dadurch, dass es grob gesehen zwei
Gruppen von Japanern gibt: einerseits die, die schnell Reißaus
nehmen vor einem Ausländer, um ja kein Englisch reden zu
müssen, andererseits die, die so sehr radebrechen, dass man
selbst vor ihnen ausreißen möchte. Zwischen diesen beiden
Extremen existierte nicht allzu viel.

Aber ...

Immerhin macht man langsam, aber sicher Fortschritte. Englisch wird nun schon ab der 5. Klasse unterrichtet, und einige große japanische Firmen haben die Zeichen der Zeit erkannt und Englisch als offizielle Firmensprache eingeführt. Denn nur so kann eine japanische Firma im globalen Kontext arbeiten. Hinzu kommt, dass Japan in den letzten Jahrzehnten etwas touristenfreundlicher geworden ist. Seitdem digitale Anzeigen existieren, werden nunmehr in fast allen Bussen und Bahnen die Stationen auch auf Englisch, immer häufiger auch auf Koreanisch und Chinesisch angezeigt. Das eigentliche Problem bleibt dennoch bestehen: Die meisten Japaner sprechen Englisch auf einem Niveau, das weit unter dem aller anderen Industrienationen liegt.

Wenn man heute jemanden in Japan auf Englisch anspricht, zuckt das Gegenüber erst einmal zusammen (Hotels und dergleichen sind da natürlich eine Ausnahme). Der realistische Fall ist, dass man entweder gar keine Antwort erhält oder ein einfaches »*Sorry, no English*« hört. Sollte sich der Japaner doch dazu durchringen, Englisch zu sprechen, wird um jedes einzelne Wort gerungen. Trotzdem geht einfach alles schief: Die Aussprache ist ein Albtraum und lässt indisches Englisch wie reinstes Standardenglisch erscheinen. Von der Grammatik und den großen Löchern im Vokabelschatz ganz zu schweigen.

Man fragt sich unweigerlich, wie so etwas passieren kann. Eine Ursache findet man im Japanischen selbst, denn wir haben es mit einer sogenannten Silbensprache zu tun, bei der jede Silbe mit einem »a«, »i«, »e«, »o« oder »u« endet – die einzige Ausnahmen sind Silben, die auf »n« auslauten, andere einzeln stehende Konsonanten existieren nicht. Buchstabenkombinationen wie *sit* oder *got* sind damit schon mal schwer auszusprechen, denn nach dem »t« muss für japanische Ohren definitiv noch etwas folgen. Ohne genügend Sprechübung wird deshalb ein »o« oder ein »u« angehängt. Aus »*My name is*« beispielsweise wird demzufolge »*Mai neemu issu*«. Auch bei der Grammatik spielt die Muttersprache den Japanern beim Englischlernen einen Streich: Der Satzbau könnte unterschiedlicher nicht sein, und im Japanischen gibt es (abgesehen von wenigen Ausnahmen) weder Pluralformen noch Artikel. Man könnte demzufolge das eklatante Unwissen der Japaner in Sachen Englisch mit den großen strukturellen Unterschieden zwischen den beiden Sprachen erklären. Theoretisch zumindest. Denn die westlichen Nachbarn in Korea haben eine ähnliche Grammatik wie die Japaner, auch sie haben eine Silbensprache (die allerdings auch Konsonanten am Ende einer Silbe erlaubt) – bloß sprechen Koreaner wesentlich besseres Englisch, was auch in internationalen Vergleichstests bewiesen wurde. Man kann das Dilemma in Japan also nur auf die Bildung schieben.

Gut zu wissen

Sicher, Englisch ist Pflichtsprache an allen japanischen Schulen, und das schon seit vielen Jahrzehnten. Ebenso gibt es unzählige private Englischschulen für alle Altersstufen – Englisch ist eine regelrechte Industrie in Japan. Leider ist der Englischunterricht an den Schulen und Universitäten jedoch meist prüfungsorientiert: Ziel ist es nicht, Englisch gut sprechen und verstehen zu können, sondern eine möglichst hohe Punktzahl in den Prüfungen zu erreichen. Da die gebräuchlichsten Englischprüfungen (allen voran TOEIC) weder das verstehende Hören noch das Sprechen testen, gibt es zahlreiche Tricks, um die Tests gut zu bestehen, ohne sich überhaupt auf Englisch verständigen zu können. Mit Büchern darüber, wie man die Tests überlisten kann, ließen sich ganze Bibliotheken füllen, und die Bücher haben – wenn sie in Japan verlegt wurden – eines gemeinsam: Man findet kaum Englisch in ihnen.

Englisch in der Schule zu lernen, ist sicherlich eine feine Sache. Um das abzurunden, hat man ein Programm mit dem Namen JET aufgesetzt. Hauptsächlich Amerikaner werden für ein bis drei Jahre in die japanische Pampa geschickt, wo sie dann in den öffentlichen Schulen den japanischen Englischlehrern (die meistens selbst nur leidlich Englisch sprechen) assistieren dürfen. Spitzname: *human tape recorder*. Der »richtige« Lehrer sagt etwas, und der Quotenausländer darf das dann laut nachsprechen, damit es alle 40 Schüler in dem engen Klassenzimmer gut hören und nachplappern können. Sinn hat das keinen, aber Hauptsache, das Bildungsministerium hat ein gutes Gewissen dabei. Noch interessanter sieht es bei vielen privaten Englischschulen aus. Wenn japanische Hausfrauen gelangweilt sind, weil die Kinder alle in der Schule oder endgültig aus dem Haus sind, fällt ihnen manchmal ein, dass es doch richtig en vogue wäre, etwas Englisch sprechen zu können. Also schreibt man sich in der örtlichen privaten Englischschule ein, wo man dann sogenannte *conver-sation classes* durchläuft. Das Ergebnis? Das kann man in der Regel vergessen, denn das eigentliche Ziel ist nicht selten einfach nur »Ausländer gucken«, das eigene Gewissen beruhigen und Zeit totschlagen. Mehr kann man bei zwei, drei Stunden Englisch pro Woche – als Japanischmuttersprachler – nicht erwarten, aber die Illusion, trotzdem bald Englisch sprechen zu können, werden diese (natürlich kostenpflichtigen) Schulen ihren Schäfchen ganz sicher nicht nehmen.

9

JAPANER NEHMEN SICH DAS BESTE VON CHRISTENTUM, BUDDHISMUS UND CO.

Religionen

Für strikte Monotheisten muss Japan wie der Vorhof zur Hölle wirken. Bewacht von acht Millionen Göttern. Das kann für tiefgläubige Menschen aus dem Ausland schnell zu einer Herausforderung werden. Und für Luther-Fans sowieso.

»Nächste Haltestelle Uehara. Uehara – Uehara! Und Sonntagmorgen geht es in die Kirche. Steigen Sie hier aus, wenn Sie zur Baptistenkirche wollen!«, schallt es aus dem Lautsprecher im Bus. In vielen öffentlichen Verkehrsmitteln werden nicht nur die Stationen durchgesagt, sondern auch die Namen und Werbeslogans von örtlichen Sponsoren. Aber wie kann eine Kirche, die auch noch Geld für Sponsoring ausgibt, sich selbst mit einem einzigen Satz ins Herz der Heiden katapultieren? Ganz einfach: Man spielt mit der Sehnsucht vieler Japaner nach einem westlichen Lebensstil. Und gehört dazu nicht auch der Gottesdienst am Sonntagmorgen? Eben. Es darf aber bezweifelt werden, dass auch nur ein Fahrgast durch die Durchsage zum Kirchgänger wurde.

Aber ...

Im Prinzip kann man das reale Religionsverständnis in Japan nur als angenehm beschreiben. Fanatismus trifft man äußerst selten, und die allgemein sehr pragmatische Sichtweise der Japaner zeugt für sehr viel Toleranz gegenüber anderen Religionen. Das spiegelt sich auch auf der kleinsten zwischenmenschlichen Ebene wider: Selbst wenn man sich als Anhänger einer sehr exotischen Religion outet, erntet man höchstens mildes Desinteresse, aber selten eine abfällige Bemerkung.

Die urjapanische Religion war eine animistische, und der gab man später einen Namen – *shintō,* »Weg der Götter«. Von diesen Wegen gibt es viele. Die Rede ist von *yaoyorozu* – »acht Millionen Götter«. Es gibt davon so viele, weil sie durch alles verkörpert werden können: von Bergen, Tieren, Steinen, Bäumen und dergleichen. Die Zahl soll dabei jedoch lediglich ausdrücken, dass es unendlich viele Götter gibt. Später kam der Buddhismus nach Japan, importiert aus China über die koreanische Halbinsel. Viel später versuchte man auch, das Christentum zu verbreiten, und dies sah anfangs so vielversprechend aus wie in vielen anderen Gegenden der Erde. Bis die Herrschenden eines Tages beschlossen, dass ihnen das mit den Christen doch nicht recht geheuer ist, und anfingen, alle Christen umzubringen.

Im Laufe der Jahrhunderte kam es zu Konflikten zwischen Shintoismus und Buddhismus, ist doch der japanische Kaiser gleichzeitig der höchste Shintopriester. Das gefiel den Buddhisten nicht, und sie versuchten, die Rolle des Kaisers zu beschneiden.

Doch schon früh begannen viele Japaner, sich ein Best-of zurechtzuschustern: Heute werden von mehr als 80 % der Japaner sowohl shintoistische als auch buddhistische Elemente (wenn auch teils unbewusst) praktiziert. Und man sieht das ganz pragmatisch: Da der Tod im Shintoismus etwas Unreines ist und das Leben nach dem Tod vom Konzept her etwas umständlich, greift man bei diesen Gelegenheiten eher zum Buddhismus, sodass Beerdigungen in der Regel von buddhistischen Priestern durchgeführt werden. Hochzeiten hingegen passen wunderbar zum Shintoismus, und es gibt eine ganze Reihe sehenswerter Zeremonien. Viele Japaner halten mittlerweile zwei Hochzeitszeremonien ab: zuerst die shintoistische Variante, dann die christliche in einer, sagen wir, vom Christentum inspirierten Kapelle mit einem Pfarrer, der oft gar keiner ist.

Wer die ans Kreuz genagelte Figur da vorn in der Kirche ist, ist den Japanern dabei völlig egal. Warum sollte es sie auch etwas angehen: Die Idee, dass es nur einen Gott geben soll und dass der einen Stellvertreter auf die Erde schickte, ist in dieser Gegend der Welt schwer vermittelbar. Auch der Ansatz, dass man seine Sünden erlassen bekommt, wenn man sie nur beichtet, ist für alle, die sonst nur mit Shintoismus und Buddhismus vertraut sind, gewöhnungsbedürftig bis unverständlich.

Das soll aber Japaner nicht davon abhalten, sich die angenehmen Seiten des Christentums herauszusuchen – dazu gehört auch Weihnachten. Die religiösen Hintergründe des Festes sind dabei ziemlich egal, Hauptsache, es gibt etwas Exotisches zu feiern. Um jedoch bei den beiden wichtigsten Religionen zu bleiben: Mitteleuropäische Protestanten sind vermutlich regelrecht entsetzt, wenn sie erfahren, wie kommerzielle Schreine und Tempel arbeiten. So kommerziell nämlich, dass sie sogar Werbeblocks im Fernsehen und in Zeitschriften schalten und auch sonst recht kreativ sind, wenn es darum geht, »Kundschaft« anzuziehen. Man möchte seine Kinder segnen lassen? 80 Euro. Man ist in einem »Unglücksjahr« – einem besonderen Alter, in dem einen angeblich besonders viel zustoßen kann – und möchte bei den Göttern um Beistand bitten? Auch dies lässt sich bewerkstelligen und kostet ebenfalls von 80 Euro aufwärts. Besonders teuer wird es natürlich bei

Hochzeiten und Beerdigungen. Der Rest des Kleingeldes – es gibt schließlich keine Kirchensteuer – kommt durch den ganz profanen Handel mit Devotionalien rein, besonders durch den Verkauf von Amuletten. Würde Luther dies sehen, würde er wahrscheinlich protestierend »Nieder mit dem Ablasshandel!« ausrufen. Japaner leben aber ganz gut mit ihrem System, und deshalb wird sich wohl so schnell kein japanischer Luther finden.

10

IN JAPAN GILT: NACH DEM BEBEN IST VOR DEM BEBEN

Erdbeben

Viele Menschen haben – berechtigterweise – große Angst vor Erdbeben. Und die ist erst recht in Japan angebracht, wo es beinahe täglich irgendwo im Land spürbar wackelt. Das Furchtbare an einem großen Beben ist jedoch nicht nur das Beben selbst, sondern vor allem das Danach.

Es ist Dienstagabend und ich sitze in einem beliebten Pub mitten in Shibuya. Ganz allein. Während ich die letzten Tage noch einmal Revue passieren lasse, fängt es langsam an zu wackeln. Anfangs kaum merklich, doch schon bald klirren die Gläser und das Mobiliar verschiebt sich. »Dading, dading«, tönt es aus dem Fernseher. »Brr, brr«, antwortet mein Mobiltelefon. Beide teilen mir mit, was ich nun auch schon selbst festgestellt habe: Die Erde bebt. Nach rund zwei Minuten hört die Wackelei endlich auf, und man kann auf die Schadensnachrichten warten. Dieses Mal hat es die Gegend rund um den Vulkan Fuji-san getroffen; auf der japanischen Skala, die bis 7 reicht, hatte das Beben nahe des Epizentrums eine »schwache 6«.

Vier Tage zuvor saß ich am Nachmittag im Büro und schaute gelassen dem freitäglichen Feierabend entgegen. Während einer Telefonkonferenz begann jedoch die Erde zu beben, und es wollte partout nicht aufhören. Kleinere Sachen begannen umzukippen, Schranktüren gingen auf, Sachen fielen auf den Boden – doch mir als Erdbebenprofi war klar, dass das Epizentrum ziemlich weit weg war. Was tun? Unser Büro war gut aufgeräumt, allzu viel konnte nicht herumfliegen. Auf die Straße zu rennen, war keine Lösung, denn dort war es wegen der oberirdischen Stromleitungen noch gefährlicher als drinnen. Und nach einer gefühlten Ewigkeit war der Spuk auch schon vorbei. Der Strom war noch da, ebenso das Internet. Nur das Telefonnetz war zusammengebrochen. Also kein Grund zur Panik. Nach ein paar Minuten erfuhren wir, wo das Zentrum gelegen hatte: Viele Hundert Kilometer entfernt, im Nordosten des Landes. Nach einer guten halben Stunde jedoch kam ein zweites Erdbeben, und das stand dem ersten in nichts nach – es war zwar schwächer, dafür aber viel näher.

Das reichte. Allen Angestellten wurde freigestellt, nach Hause zu gehen. Und »gehen« war auch so gemeint, denn Busse, Bahnen und Taxis fuhren nicht mehr. Also begann ich meinen 20 Kilometer langen Marsch durch Tokyo, zusammen mit Hunderttausenden anderen Gestrandeten. In Tokyo selbst waren auf den ersten Blick nicht viele Schäden zu erkennen. Das änderte sich, als ich über die letzte Brücke vor meinem Wohnort lief. Am Horizont brannte eine Raffinerie, und meine Stadt hatte es schwer getroffen: Viele Häuser standen schief, überall war Wasser, Strommasten waren halb umgekippt und Teile von Brücken und Straßen eingesackt.

Aber ...

Würde mir jemand die – zugegebenermaßen seltsame – Frage stellen, in welchem Land ich mich während eines schweren Erdbebens am liebsten aufhalten würde, würde ich jederzeit ohne Zögern »Japan« antworten. Nur hier habe ich das Gefühl, dass man sehr viel Aufwand in den Erdbebenschutz von Häusern und Infrastruktur steckt. Da schon Kinder, aber auch Behörden und Firmen mit regelmäßigen und umfassenden Erdbebenübungen auf den Ernstfall vorbereitet werden, gerät in Japan auch keiner so leicht in Panik.

Nach vier Stunden hatte ich es geschafft. Hungrig und verschwitzt kam ich zu Hause an. An meinem Zustand sollte sich so schnell nichts ändern: Es gab kein Wasser mehr und auch keine Lebensmittel im Spätverkauf – alles Essbare war aus den Regalen verschwunden. Die Bilder vom Tsunami im Fernsehen teilten mir mit, dass ich froh sein sollte, da zu wohnen, wo ich wohne. Und doch standen qualvolle Tage bevor. Die Nachbeben im Minutentakt begannen schnell, an den Nerven zu zehren. Das Beschaffen von alltäglichen Waren wie Brot, Wasser, Toilettenpapier oder Windeln wurde zu einem Geduldsspiel – nicht einfach, wenn man ein neugeborenes Kind im Haus hat. Die Stadt begann zudem, den Strom zu rationieren, und somit fuhren auch die Bahnen sehr unregelmäßig.

Wesentlich schlimmer sah es natürlich im Nordosten Japans aus. Ganze Ortschaften waren vom Tsunami ausradiert worden und die Menschen waren komplett entwurzelt. Es dauerte viele Wochen, bis wieder halbwegs Normalität einkehrte – ich rede hier wohlgemerkt vom über 300 Kilometer vom Epizentrum entfernten Tokyo. Tägliche Nachbeben setzten sich über ein halbes Jahr lang fort. In der am meisten betroffenen Region wird es indessen viele Jahre dauern, bis wieder von Normalität gesprochen werden kann. So hoch entwickelt Japan auch ist: Ein so schweres Erdbeben, wie es am 11. März 2011 bei Sendai stattfand, wirft jede Gesellschaft erst einmal aus der Bahn. Das Ganze wird freilich noch durch explodierende Atommeiler verschärft, aber das ist ein anderes Thema.

11

DIE NATURWISSENSCHAFTEN SIND DEN JAPANERN MANCHMAL KOMPLETT EGAL

Aberglaube

Japaner gelten als technikversiert, fortschrittlich und nicht übermäßig religiös. Dennoch sind die meisten Japaner unglaublich abergläubisch, und dieser Fakt hält für Uneingeweihte das eine oder andere Fettnäpfchen bereit.

Beim ersten Besuch in einem größeren japanischen Gebäude war ich etwas verdutzt, als ich auf die Fahrstuhlknöpfe schaute. Konnte hier jemand nicht richtig zählen, oder weshalb folgte gleich nach der dritten Etage die fünfte? Wo war denn die Vier geblieben? Auch die Neun fehlte, was mich dann doch dazu veranlasste, bei meiner Begleitung nachzufragen. Ach so, die Aussprache für Vier ist die gleiche wie die für »Tod«, und die für die Neun die gleiche wie für »Qualen«! Na, dann ist ja alles klar. Tatsächlich wird in Krankenhäusern, manchmal auch in Hotels, die vierte und neunte Etage ausgelassen, in Wohnhäusern allerdings meistens nicht. Doch Immobilienhändler werden Wohnungen in diesen Stockwerken nur schwer los, da abergläubische Japaner – und sei die Wohnung noch so schön – nicht selten allein aus diesem Grund darauf verzichten.

Aber ...

Man muss den Japanern zugutehalten, dass sie sich das alles nicht ausgedacht haben: Viel vom überlieferten Aberglauben wurde, wie so manches andere auch, aus China oder Korea »importiert«. Da viele Vokabeln aufgrund der aus China übernommenen Schriftzeichen in Japan, China und Korea ähnlich sind, wird die Vier in der Tat gleich gelesen wie »Tod« – auch wenn die Aussprache für das Schriftzeichen »Tod« in den drei Ländern unterschiedlich ist. Eine komplizierte Sache. Somit wurde auch die Angst vor allem, was mit einer Vier zu tun hat, übernommen. Vieles, was der japanische Aberglaube bereithält, muss nicht ernst genommen werden, aber so manches definiert gesellschaftliche Regeln, die besser beachtet werden sollten.

Den Aberglauben saugen Japaner schon mit der Muttermilch auf, er ist Teil des kulturellen Vermächtnisses wie in anderen Kulturen auch. Oftmals sind die Situationen, Gegenstände oder Handlungen, die mit Aberglauben verbunden sind, ganz offensichtlich absurd bis saukomisch. Und trotzdem bemüht sich nahezu jeder Japaner, genau diese Dinge zu umgehen, um keine negativen Kräfte auf sich zu ziehen. Beispiele gefällig?

- Wer gleich nach dem Essen schläft, verwandelt sich in eine Kuh.
- Wer einen anderen mit seiner Erkältung ansteckt, wird selbst schneller gesund.
- Die mittlere Person auf einem Foto mit drei Menschen stirbt zuerst.
- Milch sorgt für Brustwachstum.
- Essig macht den Körper gelenkig.
- Spinnen am Morgen bringen Glück, deshalb sollte man sie verschonen. Abendspinnen bringen Unglück, also sollte man ihnen den Garaus machen.
- Wer im Schlafzimmer mit dem Kopf nach Norden liegt, wird früh sterben.

Die Liste ist lang und die Dinge belanglos. Wie schon das Beispiel mit den Ziffern 4 und 9 gezeigt hat, kann der Aberglaube durchaus ins alltägliche Leben eingreifen – störend und nicht selten in erschreckendem Ausmaß. Eine fest verankerte Idee hat schon viele Ausländer in die Verzweiflung getrieben: nämlich der Glaube, dass die Blutgruppe Einfluss auf den Charakter eines Menschen hat. So kommt es, dass jeder Japaner schon sehr früh seine eigene Blutgruppe kennt (allerdings leider noch nie etwas vom Rhesusfaktor gehört hat) und gern dazu geneigt ist, sein Gegenüber nach derselbigen zu fragen und dementsprechend zu taxieren. Jede Blutgruppe ist mit gewissen Eigenschaften verbunden, und es liegt in der Natur des Menschen, fortan ganz gezielt nach diesen Eigenschaften zu suchen. Sich aus der Schablone zu lösen, in die man nun ungefragt hineingepresst wurde, kann schnell zur Lebensaufgabe werden.

Faszinierend ist dabei, dass dieser Aberglaube vor allem bei jungen Japanern nach wie vor hoch im Kurs steht. Bei der ersten Begegnung kann es schon mal vorkommen, dass man nach Name und Herkunft bereits an dritter Stelle nach der eigenen Blutgruppe gefragt wird – und das bestimmt nicht aus samaritanischen Gründen.

Harte Fakten

Im ostasiatischen Raum spielen die Tierkreiszeichen eine gewichtige Rolle. Neben den zwölf Tierkreiszeichen gibt es zusätzliche Konstellationen, die alle, ähnlich dem Aszendenten in der Astrologie, einen großen Einfluss auf den Charakter und Werdegang eines Menschen haben. Sollen. Angeblich. Dazu zählt das Jahr *hinoe-uma* – das Jahr des Feuerpferdes. Nach aus China importiertem Glauben entwickeln sich Kinder, die in diesem Jahr geboren werden, zu Teufeln und werden ihren Familien viel Leid bescheren. Das letzte Feuerpferdjahr gab es 1966, und das kann man gut an der japanischen Bevölkerungspyramide ablesen, da in diesem Jahr tatsächlich um ein Viertel weniger Kinder geboren wurden.

Bei Geschenken wird es dank des verbreiteten Aberglaubens richtig kompliziert – erst recht, wenn es sich um Blumen handelt. Denn die haben allesamt ihre Bedeutung, und es geht dabei nicht nur um die Art der Blumen, sondern auch um die Anzahl. So soll es schon vorgekommen sein, dass Menschen geschlagen wurden, weil sie zum Krankenbesuch Chrysanthemen mitbrachten. Die spielen in der Tat in Japan eine wichtige Rolle – allerdings nur bei Beerdigungen. Kamelien kommen auch selten gut an im Fernen Osten. Sicher, sie sehen wunderschön aus, aber die schweren Blüten fallen mit einem dumpfen Ploppen zu Boden und erinnern deshalb an abgeschlagene Köpfe beziehungsweise daran, wie schnell doch alles vergehen kann.

Der Aberglaube ist in Japan Quelle einer ganzen Wirtschaftssparte: Wahrsager findet man an allen Ecken und Enden, Horoskopdienste verdienen sich eine goldene Nase und tagtäglich werden gefühlte 100 Bücher zum Thema verlegt, damit die Mühle auch ja nicht ins Stocken gerät.

12

AN JAPANISCHEN SCHULEN LERNT MAN NICHT WIRKLICH ETWAS FÜRS LEBEN

Bildung

Japan rühmt sich für seine »*Life-long learning*«-Gesellschaft, bei der nahezu jeder, egal in welchem Alter, immer irgendetwas lernt. Das ist auch bitter nötig, denn was man an der Schule lernt, ist wenig hilfreich. Dank des strengen Schulsystems bestehen Japaner zwar die kompliziertesten Prüfungen – sie sind jedoch vom einfachsten Allgemeinwissen komplett unbelastet.

Sicher, kein Land hat das perfekte Bildungssystem. Aber wenige Länder sind so stolz auf ihr schlechtes Schulsystem wie Japan, wo das zudem auch noch richtig viel Geld kostet. Das Ganze beginnt eigentlich schon im Kindergarten – der ist bereits eine Art Luxusgut, denn (annähernd) kostenlose Kindergärten gibt es nur in sehr wenigen Städten, und der allgemeine Mangel an Kindergärten – von Kinderkrippen ganz zu schweigen – sorgt dafür, dass viele Mütter keinen Platz erhalten, wenn sie nicht nachweisen können, dass sie irgendwo arbeiten. Was sie ohne Kindergartenplatz natürlich nicht können. Im Kindergarten lässt sich jedenfalls schon entscheiden, wohin die Reise später gehen wird. Soll es hoch hinausgehen? Dann kann man seinen Nachwuchs beispielsweise gern in »internationale« Kindergärten stecken, die schnell 1.000 Euro und mehr im Monat kosten.

Aber ...

Schaut man sich bildungsbezogene Untersuchungen wie beispielsweise die Pisa-Studien an, so werden japanische Schüler seit Langem für ihre mathematischen und naturwissenschaftlichen Kenntnisse gerühmt. Das liegt unter anderem an den hervorragenden Unterrichtsmaterialien, die in diesen Fällen verwendet werden. In Fächern wie Gesellschaftskunde, Geschichte, Englisch und anderen sieht es hingegen reichlich mau aus. Warum diese großen Qualitätsunterschiede bestehen, bleibt ein Rätsel, aber zumindest hat das Land gute Chancen, erfolgreiche Naturwissenschaftler hervorzubringen.

In der sechs Jahre dauernden Grundschule geht es weiter. Und zwar in Klassen mit bis zu 40 Schülern, unterrichtet in allen Fächern von ein und demselben Lehrer. Der muss also alles können: Musik, Sport, Mathe, Muttersprache, später auch Englisch. Das mag mit einem Genie von Lehrer ja gut möglich sein, aber diese sind auch in Japan dünn gesät. Wer also Pech mit seinem Lehrer hat, kann sich an diesem Pech ein ganzes

Jahr laben – in jeder einzelnen Unterrichtsstunde. Aber das macht ja nichts, denn das Konzept des Sitzenbleibens gibt es in Japan nicht.

Ist die Grundschule abgesessen, geht es munter weiter zur 3-jährigen Mittelstufe, die ebenfalls Teil der Schulpflicht ist. Da gibt es gute Schulen und schlechte Schulen, und der Ruf jeder Mittelschule ist über die Stadtteilgrenzen hinaus bekannt. Erst recht dann, wenn sich mal wieder ein Mittelschüler aufgrund von zu viel Schikane, in Japan *ijime* genannt, dazu entschlossen hat, seinem Leben ein jähes Ende zu bereiten. Diese Schikane kommt nicht von irgendwoher: In der Mittelstufe wird es stressig, ist dieser Abschnitt doch letztendlich nicht mehr als eine lange Vorbereitungszeit auf die Eintrittsprüfungen zur ebenfalls dreijährigen Oberstufe. Die ist zwar de jure nicht Pflicht, de facto aber schon, denn ohne Oberstufenabschluss kann man in Japan maximal bei den Yakuza etwas werden. Somit ist es nicht verwunderlich, dass über 97 % der Japaner die Oberstufe abschließen.

Gegen Ende des 15. Lebensjahres wird es richtig hektisch. Man hat nun die Wahl zwischen öffentlicher und privater Oberschule. Die Entscheidung hängt zum einen von der Leistung der Schüler ab, zum anderen vom Geldbeutel der Eltern. Dabei hat die Wahl der Oberschule schon maßgeblichen Einfluss darauf, ob man später an eine »gute« Universität gehen kann oder letztendlich in einer teuren, aber sinnlosen Privatuniversität endet. Davon wiederum hängt bei Männern später ab, wie gut ihre Arbeitsstelle und somit ihr Salär sein wird, bei Frauen hingegen geht es schlicht darum, wie gut gebildet und gut verdienend der zukünftige Gemahl sein wird. So einfach geht das.

Bei den Oberschulen gibt es ebenfalls sone und solche, was früher durch einen Koeffizienten (genannt *hensachi*) gemessen wurde. Von dieser Praxis rückt man zwar offiziell langsam ab, inoffiziell wissen die Eltern aber sehr genau, welche Schule gut ist und welche nicht. Zumal es, gerade unter den öffentlichen Schulen, sogenannte *Kyōiku-konnan*-Schulen gibt – wörtlich »Schulen, an denen Erziehung ein Problem ist«. Abgänger dieser Einrichtungen können sich glücklich schätzen, wenn sie nach dem Abschluss ihren eigenen Namen mit Schriftzeichen schreiben können, viel mehr ist nicht drin. Man braucht nicht viel Fantasie, um sich vorzustellen, wie gediegen die Disziplin an solchen Schulen ist.

Gut zu wissen

Das japanische Bildungsministerium, kurz MEXT genannt, bestimmt ganz genau, welche Unterrichtsmaterialien verwendet werden müssen. Diese Textbücher sind meist sehr billig, von fragwürdiger inhaltlicher Qualität und auf gleiche Linie getrimmt – vor allem was das Geschichtsverständnis anbelangt. Gute private Schulen kaufen und verteilen natürlich auch diese genormten Lehrbücher – weil sie es müssen –, ersetzen sie aber umgehend durch brauchbare Materialien, die um einiges teurer sind und natürlich, neben den Unterrichtsgebühren, von den Eltern bezahlt werden müssen.

Vor dem Eintritt in eine Oberschule sitzen die Eltern des Schülers quasi an einem riesigen Roulettetisch. Der Einsatz: die Zukunft des Nachwuchses. Denn man darf sich nur ein einziges Mal an einer öffentlichen Oberschule bewerben – mittels einer Eintrittsprüfung. Und die ist bei besseren Schulen natürlich schwieriger als bei schlechteren. Die Frage ist also, ob man auf Nummer sicher geht und eine schlechtere Schule wählt, an der man mit ziemlich hoher Sicherheit besteht. Oder spielt man auf Sieg – mit dem Risiko, nicht zu bestehen und fortan eine Privatschule zahlen zu müssen. Kein Wunder also, dass vor allem das dritte Jahr in der Mittelstufe komplett auf die Prüfungsvorbereitungen ausgelegt ist. Und so lernen japanische Schüler letztendlich nicht für das Leben, sondern für Prüfungen. Daran wird sich auch im späteren Leben nichts ändern. Und das Gelernte? Das verlässt in der Regel den Prüfungsraum nicht. Schade um die schöne Zeit.

13

JAPANER SIND KNALLHART, AUCH BEIM BESTRAFEN

Todesstrafe

Japan ist weltbekannt für seine geringe Verbrechensrate. Was jedoch hinter dieser schönen Fassade steckt, ist ein mehr als fragwürdiges System mit zahllosen unschuldigen Opfern.

Zweiundzwanzig. Das ist die Zahl der Menschen, die allein 2011 in Japan erhängt wurden. Vom Staat. Seit 1873 gibt es im japanischen Strafrecht keine andere Art der Vollstreckung. In einem Jahr sind es mehr, in einem anderen weniger Exekutierte. Seit Kriegsende kommt man immerhin auf die stattliche Zahl von über 700 Hingerichteten.

Aber ...

Japan war nicht immer so strikt, wenn es um die Höchststrafe geht. Bereits im Jahr 818 wurde die Todesstrafe ausgesetzt und erst nach 338 Jahren wieder eingeführt. Das ist höchst erstaunlich, wenn man bedenkt, dass in China zur gleichen Zeit fast jedes Vergehen mit der Todesstrafe geahndet wurde. Je nach Schwere der Tat war es nur die Hinrichtungsart, die sich änderte, und davon gab es fast 200.

Die Vollstreckung der Todesstrafe ist eine Sache, die Zeit davor eine andere: Für rechtskräftig verurteilte Kandidaten kann die Wartezeit nämlich weit über 30 Jahre betragen. Diese Wartezeit verbringt man wohlgemerkt in Einzelhaft, und selbst Besuche sind stark eingeschränkt. Als ob das noch nicht ausreicht, wissen die Kandidaten zu keinem Zeitpunkt, ob und wann vollstreckt wird. Sie werden frühestens am Vorabend darüber informiert. Das gibt der Redewendung »Lebe jeden Tag, als ob es der letzte ist« eine viel intensivere Bedeutung, aber davon hat man in Einzelhaft und mit verschärften Haftbedingungen nicht allzu viel. Pikant ist auch die Tatsache, dass die Angehörigen ebenso in Unsicherheit leben. Sie erfahren erst am Tag nach der Hinrichtung aus der Presse davon.

In diesem Punkt kann Japan auch stolz auf einen Weltrekord verweisen, der ordnungsgemäß von Guinness World Records attestiert wurde: Der Ex-Boxer Iwao Hakamada ist der Mensch, der weltweit am längsten – und zwar unschuldig – in der Todeszelle saß. 1968 wurde er verurteilt und erst 2014, also 46 Jahre später, freigesprochen und umgehend entlassen. Es überrascht nicht, dass Hakamada da bereits »über den Berg« war und fest daran glaubte, ein Gott zu sein, der den alten Iwao schon lange Zeit hinter sich gelassen hatte.

Die Tatsache, dass es die Todesstrafe noch gibt, aber auch die unmenschliche Unterbringung vor der Vollstreckung werden alljährlich von Amnesty International und Co. stark kritisiert, aber so etwas hat japanische Politiker noch nie verunsichert. In diesem Punkt zumindest können sie auf nahezu unbeschränkten Rückhalt in der Bevölkerung zählen. Man muss schon sehr lange suchen, um einen Japaner zu finden, der sich gegen die Todesstrafe ausspricht oder gar aktiv etwas dagegen tut. Zwar können Gerichte in Japan auch Menschen wegen Landesverrats zum Tode verurteilen, aber seit Kriegsende war das ausschließlich bei (mutmaßlichen) Mördern der Fall – und das kommt in einer Gesellschaft, in der man jegliche Form von Verbrechen gnadenlos geahndet sehen möchte, gut an. Aber wie war das noch gleich – das Rad der Geschichte kann man nur vor-, aber niemals zurückdrehen?

Harte Fakten

Wer einmal wegen einer Zivilstraftat in Japan angeklagt wird, hat ganz schlechte Karten: Die Verurteilungsrate liegt bei sagenhaften 99 %. Die Chance, für unschuldig erklärt und freigesprochen zu werden, ist also so gut wie nicht vorhanden. Dafür gibt es mehrere Gründe. Zum einen gelten japanische Gerichte als chronisch unterbesetzt, sodass man sich lieber auf die glasklaren, einfachen Fälle beschränkt. Hinzu kommt, dass japanische Gerichte, so es das Gesetz zulässt, Kläger wie Ankläger unter Druck setzen, um einen außergerichtlichen Vergleich zu erzielen. Fakt ist allerdings auch, dass die Polizei vor allem früher gern ein bisschen nachhalf, denn ein Geständnis gilt an japanischen Gerichten als Trumpf, der alles andere aussticht. Und Geständnisse kann man bekanntermaßen erzwingen. So auch geschehen im Falle des Boxers Hakamada.

14

Japaner vertragen keinen Alkohol, trinken aber trotzdem, was das Zeug hält

Trinkkultur

Bekanntermaßen fehlt vielen Ostasiaten genetisch bedingt ein Enzym, das dem Körper zum Alkohol- abbau dient. Das hindert leider viele Japaner nicht daran, sich hemmungslos zu besaufen. Und zwar mit teils unsäglichen Getränken.

Ein Gläschen Bier, und schon beginnt die Tortur. Viele Japaner können Alkohol nicht richtig verdauen, und so reicht ein Tröpfchen gegen die Magenwände, um die Gesichtsfarbe in ein verräterisches Rot zu verwandeln. Bei einigen Japanern kann man schon regelrecht von einer Allergie sprechen, bei der winzigste Mengen ausreichen, um das arme Opfer ins Abseits zu schießen.

Aber ...

Wenn man so will, hat Japan auch eine schöne Alkoholkultur. Traditionelle Getränke wie Sake (Reiswein) oder Shōchū (Reisschnaps) werden vielerorts mit viel Liebe und in guter Qualität hergestellt und überall degustiert. Dabei gibt es in jeder Ecke des Landes und in jedem Tal Spezialitäten zu entdecken, die man sonst nirgendwo bekommt. Die westlichen Favoriten Bier, Wein, Whisky und Co. erfreuen sich jedoch auch in Japan großer Beliebtheit.

In Anbetracht dieser fehlenden körperlichen Fähigkeit zum Alkoholabbau ist es recht verwunderlich, wie man in Japan auf die Idee kommt, dass es bestimmt ganz toll sei, große Mengen alkoholischer Getränke in kürzester Zeit zu sich zu nehmen. Japaner dürfen erst trinken, wenn sie das 20. Lebensjahr erreicht haben. Theoretisch zumindest. Soll heißen, in der ersten Hälfte der Zeit an der Universität bleibt der Hahn trocken. Doch danach geht es richtig zur Sache. Man trifft sich dann mit Kommilitonen oder Kollegen in billigen Spelunken oder Karaoke-Bars und verlangt dort lautstark im Chor, das die *kōhai*, also die Rangniederen, ihre Getränke gefälligst *ikki*, also in einem Zug, austrinken sollen – egal welches Getränk das auch sein mag. Halber Liter Bier? *Ikki!* Großes Glas Wein? *Ikki.* Whisky? Dreimal darf geraten werden. Wer da nicht mitmacht, gilt natürlich schnell als Spielverderber. Das alles wäre ja halb so wild, wenn sich die Folgen auf einen kräftigen Kater am nächsten Morgen beschränken würden. Leider jedoch kommt es immer wieder zu Alkoholvergiftungen mit Todesfolge – vor allem bei Studenten.

Schaut man sich in japanischen Trinkhallen oder Bars genauer um, entdeckt man schnell grandiose Missverständnisse der Trinkkultur. Teuerster Whisky wird da mit einer schlichtweg unvernünftigen Menge Wasser gestreckt, im Winter gern auch mit heißem. Rotwein wird bis zum Schluss im Kühlschrank aufbewahrt, und das populärste Bier Japans ist eine fade Gerstenbrause mit Reis, Mais und was man sonst noch so beim heimischen Bauern findet. Die Empfehlung des Herstellers: am besten bei 2 °C genießen. Das ist auch logisch, denn bei normaler Biertrinktemperatur schmeckt die Plörre einfach grausam.

Der verirrten Steuerpolitik ist es auch zu verdanken, dass es in Japan Getränke gibt, die es eigentlich nicht geben dürfte. Und das geht so: Man erhebt eine spezielle saftige Steuer auf Bier, das durch den Hopfengehalt definiert wird. Ob Reis oder Mais mit im Spiel sind, ist dabei völlig egal. Das Bier wird damit also teuer, sodass es sich viele nicht mehr leisten können, weil die *kosupa,* kurz für *cost performance,* nicht mehr stimmt. Soll heißen, der Preis für einmal Brummschädel ist zu hoch. Das erkennen die Getränkehersteller an und beginnen, bierähnliche Getränke zu brauen, mit weniger Hopfen und mehr Bäh. Auch das wird jedoch irgendwann etwas höher besteuert, und so braut man also »Sprudelalkohol dritter Klasse mit Biergeschmack«. Und der schmeckt auch so, wie es sich anhört. Getoppt wird das eigentlich nur noch durch einige *Chūhai*-Variationen: auf Reisschnaps basierende, kohlensäurehaltige Getränke, die nach irgendetwas Undefiniertem schmecken. Besonders beliebt: »Strong 7 Off«. Sprudel mit 7 % Alkoholgehalt, aber kalorienreduziert. Und wesentlich billiger als Bier. Schließlich müssen sich ja Kosten und Nutzen die Waage halten. Na dann: *Kampai!* Und bloß nicht rot werden beim Trinken!

15

DIE SCHÖNSTE NEBENSACHE DER WELT KANN IN JAPAN SO RICHTIG KOMPLIZIERT WERDEN

Sex

Es ist schon merkwürdig: Von einem Land, in dem Fremdgehen beinahe ein Volkssport ist und Verhütung nahezu unbekannt, erwartet man eigentlich eine höhere Geburtenrate. Aber irgendwas läuft da verkehrt.

»Oh nein, ich bin schon wieder schwanger! Dabei hatten wir uns eigentlich vorgenommen, es bei drei Kindern zu belassen!«, klagte einst eine japanische Bekannte. »Habt ihr denn nicht verhütet?«, wollte ich daraufhin wissen. »Natürlich! Wie immer – mit Coitus interruptus! Obwohl, manchmal klappt das nicht so richtig ...«, gab sie zu bedenken. Aha. Da lag der Hase also im Pfeffer. Und das ist natürlich kein Einzelfall. Denn in Japan spricht man nicht über Sex, man tut es. Aufklärung? Holt man sich aus den unzähligen themenrelevanten Mangas. Verhütung? Ist natürlich unsexy und kommt in Mangas nicht vor. Außerdem ist die Arzneimittelzulassungsbehörde in Japan sehr konservativ und hat sich jahrzehntelang gegen die Zulassung der Pille gestemmt. Das brauchte sie eigentlich nicht, denn in der Bevölkerung hält sich hartnäckig das Gerücht, dass die Pille etwas ganz, ganz Furchtbares ist. Chauvinistisch wie viele japanische Männer nun oftmals sind, stehen Kondome auch nicht gerade hoch im Kurs, von anderen, neueren Verhütungsmethoden mal ganz zu schweigen.

Interessanterweise ist Sex eigentlich ein Tabuthema. Es gibt einfach weder offizielle noch inoffizielle Diskussionen zum Thema. Gleichgeschlechtliche Liebe? Nichts, über das man öffentlich redet. Prostitution von Schulmädchen, manchmal auch *f*** for fashion* genannt? Kennt jeder, aber niemand spricht darüber. Geschlechtskrankheiten? Behält man stillschweigend für sich. Mit den Eltern darüber reden? So nicht in der Erziehung vorgesehen. Sex vor der Ehe? Solange es heimlich geschieht und nicht im elterlichen Haus stattfindet, kein Problem.

Einerseits gibt es also weniger Schranken als in vielen anderen Ländern, vor allem weil die Religion in Japan nicht wirklich im Weg ist. An Mangas mit sexuellen Inhalten, vor allem Richtung Lolita gehend, mangelt es weiß Gott auch nicht. Und von *dekichatta kekkon* (wörtlich: »Ups, nun ist es passiert und ich bin schwanger!«-Hochzeiten) hört man recht häufig. Andererseits ist die Gesellschaft recht strikt: Kinder kriegen, ohne verheiratet zu sein, ist nicht drin. Auf gar keinen Fall. Und da dies eine seit jeher fest-, wenn auch ungeschriebene Regel ist, hinkt der Gesetzgeber in Sachen Gleichberechtigung unehelich geborener Kinder weit hinterher. Diese Kinder sowie ihre Eltern haben einfach mal großes Pech gehabt.

Ungeschützter Sex führt zwangsläufig zu ungewollten Schwangerschaften, und das schlägt sich in den Abtreibungsstatistiken nieder. Der Buddhismus ist davon nicht gerade angetan, aber letztendlich beruhigen die Betroffenen ihr Gewissen damit, dass sie eine kleine Steinstatue für das ungeborene Leben aufstellen können. Und man sieht in Tempeln sehr viele dieser kleinen Statuen. Man kann es den Leuten allerdings nur schwer verübeln. Mal eben so heiraten ist für viele keine richtige Option, und da Kinder in Japan wesentlich mehr Geld kosten als in vielen anderen Ländern, ist es für die Familien eine schwerwiegende Entscheidung, ob sie noch ein Kind bekommen wollen oder nicht.

Harte Fakten

Die Zahl der Abtreibungen in Japan ist seit vielen Jahren rückläufig – zählte man in den 1990er-Jahren noch rund 460.000 Abtreibungen pro Jahr, so waren es 2012 nur noch rund 180.000. Doch nicht alle Praxen melden die Abtreibungen, weswegen man davon ausgeht, dass die tatsächliche Zahl in etwa drei Mal so hoch ist. Im Vergleich dazu liegt Deutschland mit circa 100.000 Schwangerschaftsabbrüchen im Jahr 2012 doch relativ weit zurück – wobei Deutschland ein Drittel weniger Einwohner hat als Japan. Interessanterweise ist der Anteil der Schwangerschaftsabbrüche in Ehen vergleichsweise hoch, was einzig auf mangelndes Wissen bezüglich sicherer Verhütungsmethoden zurückzuführen ist.

16

NACH TOLERANZ SUCHT MAN IN JAPAN VERGEBLICH

Rassismus

Deutschland – Italien – Japan, das war quasi die Achse des Bösen im Zweiten Weltkrieg. Und das kam nicht von irgendwoher. Doch während man sich in Europa redlich bemüht, von der einstigen Ideologie Abstand zu nehmen, ist Rassismus in Japan mehr als salonfähig.

Wir saßen gemütlich in einer deutschen Kneipe zusammen, meine japanische Studentengruppe und ich. Nach ein paar wenigen erheiternden Getränken wurden die amerikanischen Kommilitonen zum Gesprächsthema. Das war die Situation, in der eine 21-jährige, bildhübsche japanische Studentin plötzlich anmerkte, dass es einfach so gut wie keine schönen Amerikaner(innen) gäbe. Eine für sie einleuchtende Erklärung hatte sie auch sofort parat: »Das ist ja auch kein Wunder, bei denen ist ja alles mögliche Blut miteinander vermischt.« Punkt. Keiner in der Gruppe rümpfte ob dieser Bemerkung die Nase. Es war ein für Japaner recht gängiger Standpunkt, den man so selbst unter hartgesottenen Rechten in Europa eher seltener hört.

Reinlichkeit. Das ist in Japan zum Grundprinzip der Gesellschaft erkoren worden. Unreines gehört ausgestoßen – seien es schmutzige Sachen oder Menschen, die man aus welchen Gründen auch immer als unrein bezeichnet. Dabei sollte man fair bleiben und anmerken, dass Japaner auch sehr gut im Verstoßen eigener Landsleute sind, beispielsweise weil sie die »Atompest« (Hiroshima, Nagasaki, Fukushima) haben sollen oder weil ihre Vorfahren mit toten Tieren hantierten. Die Reinlichkeit spiegelt sich auch in der Badekultur nieder und in der Art, wie Straßen und Gebäude gepflegt werden. Oberflächlich zumindest. Rassenhygiene gehört zum Reinlichkeitsprinzip – ist man doch stolz darauf, dass Japaner ein im weltweiten Maßstab gesehen sehr homogenes Völkchen sind: Fast 99 % der Bewohner sind Japaner und waren es schon immer.

Nun gibt es schlichtweg zu wenige Ausländer in Japan, um diese Anschauungsweise als Problem anzuerkennen. Wir haben es auch nicht mit einer offensichtlichen Fremdenfeindlichkeit zu tun, denn wo es keine Heime für Asylbewerber gibt, kann man auch keine anzünden. Japan ist ein Inselreich. Russland und Südkorea liegen zwar jeweils nur rein paar Dutzend Kilometer von Japan entfernt, aber es ist ziemlich unwahrscheinlich, dass sich zum Beispiel Flüchtlinge aus Afghanistan ihren Weg durch Nordkorea oder Sibirien schlagen, um nach Japan zu gelangen. Und so gibt es so gut wie keine Flüchtlinge im Land – soll heißen, der Großteil der in Japan lebenden Ausländer ist finanziell recht gut aufgestellt und/oder mit einem Japaner verheiratet. Letzteres schließt unzählige Katalogbräute aus Russland und von den Philippinen mit ein.

Jedenfalls begegnet man allerorts einem latenten Rassismus. Da gibt es zum Beispiel großes Gezeter, als eine Halb-Japanerin, Halb-Amerikanerin den »Miss Universe Japan«-Wettbewerb gewinnt. Da gibt es den Kommentar einer Regierungsberaterin, dass die Apartheid doch eigentlich eine ganz tolle und natürliche Sache sei, die man doch so auch in Japan einführen könnte. Da gibt es Schilder bei heißen Quellen, in Bars und Hotels, die darauf hinweisen, dass Ausländer nicht erwünscht sind. Die Liste ist lang. Wer kein Japanisch versteht, wird (glücklicherweise) den alltäglichen Rassismus verpassen, denn Sätze wie »Dass Ausländer sich nicht an die Regeln halten, ist ja klar, aber Sie als Japaner sollten das eigentlich wissen« werden naturgemäß eher selten auf Englisch geäußert.

Aber ...

Man kann keineswegs verallgemeinern, dass alle Japaner Ausländer hassen. Im Gegenteil: Die meisten Japaner haben ein großes Interesse und eine große Sehnsucht nach allem Ausländischen. Wesentliche Merkmale der Rassenideologie sind dennoch weitverbreitet – in erster Linie geht es darum, sich von den geliebten Feinden Korea und China abzugrenzen. Da eine breite gesellschaftliche Debatte zum Thema vollkommen fehlt, wird sich an der Toleranzsituation im Land wohl auch in den nächsten Jahrzehnten nichts ändern – obwohl es durchaus Japaner gibt, die genau das anzustoßen versuchen.

17

JAPANISCHE TAXIFAHRER SIND VERMUTLICH DIE ÄLTESTEN DER WELT

Taxis

Taxis gehören zum Dienstleistungssektor, und für dessen Qualität ist Japan bekanntermaßen berühmt. Irgendwie läuft es im japanischen Taxigewerbe aber anders. Wundern Sie sich bei einem Besuch in Japan also nicht über greise und vollkommen ahnungslose Fahrer.

Taxis sind so eine Sache, nämlich überall auf der Welt. In jedem Land ticken die Fahrer anders, in jedem Land gibt es ein eigenes System. Je ärmer das Land, desto größer ist zudem die Gefahr, abgezockt zu werden. Mit dem Taxi zu fahren, ist natürlich überall teurer, als andere Transportmittel zu nutzen, aber beim Taxifahren – auch das eine weltweite Tatsache – kann man ziemlich viel über ein Land herausfinden und diverse Abenteuer erleben. Das gilt auch für Japan, wo in Sachen Taxi ganz eigene Gefahren lauern. Und dafür gibt es exakt drei Gründe.

Zum einen liegt das Alter der Taxifahrer häufig jenseits der Rentengrenze. Viele Taxifahrer haben vorher bis zu ihrem 60. oder 65. Lebensjahr in ganz normalen Firmen gearbeitet und sind nun im Rentenalter entweder so gelangweilt oder so arm, dass sie eine neue Karriere im Taxigeschäft beginnen. Eine Altersgrenze scheint es für den Beruf nicht zu geben, und so muss man nicht lange warten, bis man einen alten Tattergreis am Steuer erwischt, der zwar kaum noch gehen, offensichtlich aber noch Auto fahren kann. An den Fahrgast gerichtete Fragen wie »Können Sie mal kurz vorlesen, was da vorn auf dem Schild steht?« kommen da durchaus schon mal vor. Doch damit nicht genug: In den meisten Taxiunternehmen arbeiten die Fahrer in 24-Stunden-Schichten, also 24 Stunden am Stück, dann zwei, drei Tage Ruhe, dann wieder 24 Stunden und so weiter. In jeder Firma wird der Schichtbeginn anders geregelt, sodass man also nie weiß, ob der eigene Chauffeur schon 20 Stunden Dienst hinter sich hat oder nur zwei. Wer beim Fahrer ständiges Gähnen und abrupte unkonzentrierte Bremsmanöver beobachten kann, weiß, woran er ist. Und da es vor allem in Tokyo schon mal vorkommen kann, dass man wirklich die ganzen 24 Stunden im Verkehr steckt, tragen nicht wenige Taxifahrer auf der Arbeit Windeln.

Aber ...

Natürlich mühen sich auch die Taxiunternehmen, mit dem hohen Niveau der anderen Dienstleister Schritt zu halten. Bekannt sind in diesem Zusammenhang vor allem die sensationellen sich automatisch öffnenden und schließenden Hintertüren – eine geniale Erfindung, an die man sich sehr schnell gewöhnt. Und zwar so sehr, dass man schon mal gern aus Gewohnheit in der mitteleuropäischen Heimat wie angewurzelt neben einem Taxi stehen bleibt und darauf wartet, dass die Tür von allein aufgeht. Was natürlich nie im Leben geschehen wird.

Kommen wir nun noch zu Punkt 3, der das Taxifahren in Japan etwas anstrengend macht. Neben der oftmals grenzwertigen Fahrtauglichkeit und der enormen Müdigkeit lauert die dritte Gefahr in der Ortsunkundigkeit der Fahrer. Wollte man das komplette Gegenteil eines Londoner Taxifahrers, der den berühmten »*The Knowledge*«-Test abgelegt hat und somit jeden Winkel der Metropole kennt, suchen, dann würde man wohl in Tokyo fündig werden. Sicher, Tokyo und Umgebung haben ein paar mehr Einwohner als London, und Straßennamen gibt es so gut wie gar nicht. Trotzdem sollte man doch eigentlich erwarten können, dass die Fahrer zumindest die bekannteren Orte kennen – und wissen, wie man dort hinkommt. Stattdessen gibt es meistens erst einmal ein kleines Quiz: Fragen wie »Was ist denn da in der Nähe?«, »Wissen Sie, welcher Bezirk das ist?« oder, noch besser, »Wie kommen wir dorthin?« zählen zum Standardrepertoire. In diesem Sinne sind Navigationsgeräte ein echter Segen, denn die meisten Taxis sind damit ausgerüstet, sodass es oftmals reicht, die Telefonnummer oder Adresse anzugeben. Vor der digitalen Revolution glich eine Fahrt mit dem Taxi einem Lotteriespiel, und sogar kurze Strecken fielen schnell viel teurer aus als geplant. Das musste noch nicht einmal Absicht sein – die Fahrer haben wirklich keine Ahnung, wo was ist.

Ausländer dürfen in Japan übrigens damit rechnen, dass es für sie etwas schwierig werden könnte, ein Taxi zu ergattern: Manche Taxifahrer drücken beim Anblick eines Ausländers gern aufs Gas, da sie Angst haben, auf Englisch angesprochen zu werden, was noch viel mehr zur ohnehin schon prekären Ahnungslosigkeit beitragen würde.

Harte Fakten

Die Art und Weise, wie die Taxiindustrie in Japan funktioniert, spiegelt sich auch in der Unfallstatistik wider. Bei regulären privaten Autos zählt man im Schnitt 12 Unfälle auf 1.000 Autos – bei Taxis sind es 104 Unfälle. Nun sind Taxis natürlich wesentlich mehr im Einsatz als Privatautos, aber auch auf Kilometer gerechnet kommen die Taxis schlecht weg: Während es bei Privatautos bei 1 Million gefahrenen Kilometern statistisch 1,2 Mal kracht, ist die Unfallrate bei Taxis mehr als 30 % höher. Dafür sind natürlich weniger die Taxifahrer als die Fuhrunternehmen verantwortlich: 24-Stunden-Schichten und ungenügendes Training sorgen schnell für steigende Unfallzahlen.

18

JAPANER SIND NICHT SO FREUNDLICH, WIE DER REST DER WELT GLAUBT

Fluchen

Aus irgendwelchen Gründen hält sich weltweit noch immer das Gerücht, dass Japaner stets lächeln und immer freundlich sind. Ersteres lässt sich ganz schnell widerlegen. Ich habe jedenfalls im morgendlichen Berufsverkehr noch nie einen lächelnden Japaner gesehen. Um zu beweisen, dass auch die Sache mit der Freundlichkeit nicht stimmt, braucht man ein paar Japanischkenntnisse.

Auf den ersten Blick ist die zwischenmenschliche Kommunikation in Japan eher freundlich. Während es in den meisten europäischen Sprachen vor Schimpfwörtern nur so wimmelt, gibt es im Japanischen vergleichsweise wenige unflätige Ausdrucksweisen, sodass man sich also zu Recht fragt, ob Japaner denn niemals fluchen. Das machen sie in der Tat nicht allzu oft, aber dafür kann man allein schon mit dem richtig gewählten Begriff für die Anrede des Gegenübers den Ton vorgeben.

Das ist im Deutschen mit den beiden einzigen Begriffen »du« und »Sie« unmöglich. Spricht man einen Japaner hingegen mit *omae* oder noch schlimmer mit *temee* oder *kisama* an, bedeutet das nur eins: Man ist nach einer Tracht Prügel aus und mit diesem einzigen Wort auf dem besten Weg, sein Ziel zu erreichen. Obwohl das beim Wort *omae* etwas kompliziert ist, denn diese Anrede ist von Vorgesetztem zu Untergebenen oder von Ehemann zu Ehefrau und Kindern durchaus üblich – erst andersherum bettelt man um Backpfeifen.

Aber ...

Japaner gelten grundsätzlich als konfliktscheu – egal ob im privaten Alltag oder im Beruf. Im Allgemeinen stimmt das auch. Strenge Regeln sorgen dafür, wer wie mit wem reden darf, und offene Konflikte vermeidet man weitgehend. Man ist in der Regel konsensorientiert, und das Prinzip des auf jeden Fall zu vermeidenden Gesichtsverlustes zieht sich wie ein roter Faden durch das Verhaltensmuster der Menschen. In einer so sehr am Kollektiv orientierten Gesellschaft wie in Japan muss man sich seine eigene Position hart erkämpfen. Ein Gesichtsverlust kann, je nach Situation, bedeuten, dass man seine in jahrelanger Bemühung erarbeitete eigene starke Position mit einem Schlag verlieren kann. Das versucht man natürlich um jeden Preis zu vermeiden. Das Gesicht verliert man zum Beispiel, wenn man von einem Untergebenen bloßgestellt wird oder wenn man in der Firma eine Entscheidung trifft, die später vom Vorgesetzten wieder aufgehoben wird, weil sie ein Untergebener direkt beim Chef infrage gestellt hat.

Wer auf Japanisch richtig fluchen möchte, muss eine Besonderheit beachten: Es geht nicht nur um die Wortwahl,
sondern vor allem um eine veränderte Aussprache normaler Wörter. Denn dann können Japaner sehr wohl das R rol-
len. Und zwar rrrrrrichtig. Man ist bei der Wortwahl im
Vergleich zu anderen Sprachen, wie schon erwähnt, eingeschränkt, aber das macht man locker mit dem häufigen
Gebrauch des Wortes »sterben« wieder wett. Vom einfachen
»Shine!« (»Verrecke!«) bis zum »Shinda hō ga ii ja nai ka«
(»Wäre es nicht besser, wenn du sterben würdest?«) gibt es
je nach Situation unzählige Gebrauchsweisen, und das gilt
nicht nur für richtig harte Kerle, sondern auch bei normalen
Hausfrauen. Ansonsten muss man nach kreativen Schimpfwörtern suchen: *boke* (Idiot), *busu* (hässlicher Vogel, hässliche Frau) und so weiter werden mangels Alternativen über-
strapaziert.

Immerhin gibt es auch ein Schimpfwort für Ausländer: Die
wurden früher *ijin* (wörtlich: »andere Menschen«) genannt
und später *gaijin* (»Mensch von außen«), doch die offizielle Bezeichnung ist *gaikokujin* (»Mensch aus dem Ausland«).
Der Begriff *gaijin* ist so verbreitet, dass er selten bewusst als
Schimpfwort benutzt wird. Wenn doch, erkennt man das sofort am Tonfall. Allerdings ist es mir in rund 20 Jahren Japanerfahrung erst ein einziges Mal passiert, dass jemand im
Vorbeigehen ein leises »*Gaijin!*« zischte.

Die gesamte Freundlichkeit geht in Japan vor allem beim
Umgang mit Untergebenen flöten: Da wird geflucht und belei-
digt, was das Zeug hält. Und nicht nur das: Eine gelegentliche
Backpfeife ist in Japan durchaus noch Bestandteil des Berufs-
praktikums. Nicht überall, versteht sich, aber gewiss häufiger
als in mitteleuropäischen Gefilden.

Gut zu wissen

Beim Umgang miteinander gibt es beachtliche regionale
Unterschiede. Die Chance, rüde angesprochen zu werden,
ist in Osaka und Umgebung um ein Vielfaches höher als
zum Beispiel in Tokyo. Das Ganze wird auch noch durch
den Dialekt verstärkt: Die in Tokyo gesprochene Sprache
ist Hochjapanisch, von der Einordnung her durchaus
vergleichbar mit dem in Hannover gesprochenen Deutsch.
Der in Osaka und Umgebung gesprochene Dialekt namens
kansai-ben ähnelt eher der Berliner Schnauze. Bei einer Umfrage in Japan wurde allerdings der Hiroshima-Dialekt als
am furchteinflößendsten benannt.

19

Jemand hat vergessen, der Tierwelt mitzuteilen, dass Japan ein sicheres Land ist

Gifttiere

Wenn man an gefährliche Viecher denkt, fallen einem zuerst Afrika oder Australien ein. Dabei gibt es auch in Japan etliche Tierchen, die einem schnell den Aufenthalt verkürzen können.

Ich hatte mich von Anfang an gewundert, warum unser Nachbar, ein alteingesessener, sehr reicher Mann, dem das halbe Tal gehört, seltsam braun gefärbte Haare hat. Grundsätzlich ist das Haarefärben auch in Japan nichts Ungewöhnliches, aber für einen Mann in seinem Alter und von seinem Status war das unüblich. Irgendwann lüftete sich das Geheimnis: Vor ein paar Jahrzehnten war er von einer japanischen Riesenhornisse gestochen worden, und aufgrund einer allergischen Reaktion hatte er den Stich nur knapp überlebt. Der Arzt gab ihm damals zu verstehen, dass seine Überlebenschancen bei einem erneuten Stich wesentlich schlechter aussehen würden. Und er gab ihm noch einen Tipp mit auf den Weg: Schwarze Haare ziehen Hornissen an. So wurde unfreiwillig das Schicksal seines Haupthaars bis ans Lebensende besiegelt.

Hornissenstiche verursachen auch in Europa ordentliche Schmerzen, aber das ist nichts im Vergleich zur japanischen Kollegin. Die allergische Reaktion ist zudem nicht etwa eine Seltenheit, sondern kommt sehr häufig vor. Genauso wie die Hornissen selbst, die es sich nicht nehmen lassen, mitten im Stadtzentrum von Tokyo, gern auch direkt an Hauptverkehrsstraßen, ihre imposanten Nester zu bauen. Man ist entsprechend nirgendwo vor ihnen gefeit und kann, so man eine erblickt, nur hoffen, dass die fetten Brummer gerade Besseres zu tun haben. Die richtige Taktik gegen die Hornissen haben bisher nur orientalische Wespenbussarde, japanische Bienen und mein ehemaliger Vermieter entwickelt. Die Bussarde, indem sie recht flink die Nester ausgraben und heim ins eigene Nest bringen. Japanische Bienen durch das gezielte Einkesseln von Hornissen – der Kessel entwickelt so viel Wärme, dass die Hornissen daran eingehen (eine Taktik, die zum Leidwesen japanischer Imker europäische Honigbienen leider nicht beherrschen). Und mein ehemaliger Vermieter zog sich Imkerkleidung an und saugte die Hornissen mit einem umgebauten Staubsauger einfach aus dem Bau – dank des satten Ploppens konnte man dabei leicht mitzählen, wie viele potenzielle Mörder man gerade beseitigt hatte.

Praxistipp

Sofern man nicht in entlegenen Gegenden unterwegs ist, braucht man normalerweise nicht lange auf Hilfe zu warten, wenn man Opfer eines giftigen Tieres geworden ist. Da es zwar viele von diesen Tieren gibt, die Zahl der Arten jedoch begrenzt ist, wissen eigentlich alle Ärzte und Apotheker, aber beispielsweise auch die Bauern vor Ort, was zu tun ist. Bei Bissen durch giftige Insekten oder Schlangen lautet die erste Devise, so viel Gift wie möglich von der Bissstelle zu entfernen. Den Rest erledigt die richtige Medizin, wobei Spätfolgen leider nicht ausgeschlossen sind. Japanreisende sollten sich vorsichtshalber etwas über Hundertfüßer (*mukade*) und japanische Hornissen anlesen. Beiden Arten sieht man schon auf den ersten Blick an, dass sie alles andere als Kuscheltiere sind, deswegen reicht die Vorsicht, die man üblicherweise in fremden Ländern walten lässt, aus.

Eine andere Gefahr lauert vielerorts am Boden: Hundertfüßer, genauer gesagt *mukade* (es gibt noch eine weitere, häufig verbreitete Art namens *geji*, aber die ist relativ harmlos). *Mukade* sind oft mehr als 10 Zentimeter lang, und sie haben genauso wenig 100 Füße wie Tausendfüßer 1.000. Aber mit ihren roten Klauen signalisieren sie schon im Voraus: Fass mich bloß nicht an! Man hält sich besser an seinen Instinkt, denn ein herzhafter Biss einer *mukade* sorgt dafür, dass der gebissene Körperteil schnell auf imposante Größe anschwillt und das Herz zu rasen beginnt. Dementsprechend ist das nichts für Menschen mit schwachem Herzen – und schwachen Nerven. Wird nicht schnell behandelt, stirbt auch mal eben das Gewebe rund um die Bissstelle ab, was natürlich, vorsichtig ausgedrückt, einige weitere Unannehmlichkeiten mit sich bringt. Das Problem mit dem *mukade* ist dabei, dass sie nicht zu der

Sorte Tiere gehören, die erst zulangen, wenn sie sich bedroht fühlen: Sie gehen stattdessen aktiv auf ihr nächstes Opfer zu, und dank ihres grenzenlosen Vertrauens in die eigene Giftmischung ist es ihnen egal, ob das Opfer 80 Kilogramm wiegt und gerade erst aus Deutschland angekommen ist. Es wird einfach zugebissen. Zudem dringen *mukade* gern in Häuser ein und verbergen sich damit an Orten, an denen man sie nicht erwartet. An dieser Stelle noch ein Tipp am Rande: Die putzigen Tierchen verstecken sich auch gern in Blüten. Und man mag sich gar nicht ausmalen, was geschieht, wenn man in die Nase gebissen wird ...

Harte Fakten

Im Schnitt sterben in Japan rund 35 Menschen pro Jahr an Hornissenstichen – damit sind die japanischen Riesenhornissen die mit Abstand gefährlichsten Lebewesen in Japan. Es wimmelt allerdings auch vor giftigen Tieren im Meer – dazu zählen Kegelschnecken, Stechrochen, aber auch Quallen- und Krebsarten. Auch vor Bären – in Japan gibt es sehr viele Kragenbären und Braunbären – sollte man sich besser in Acht nehmen. Okay, die sind nicht giftig, aber in der Regel stärker als Zweibeiner. Zudem gibt es zwei Arten von Giftschlangen – die fast überall in Japan vorkommenden *mamushi* sowie die nur auf Okinawa heimischen *yabu*. Die Bisse sind zwar in der Regel nicht tödlich, können aber diverse Komplikationen wie zum Beispiel akutes Nierenversagen oder Kreislaufkollaps bis hin zum anaphylaktischen Schock verursachen.

20

KATASTROPHENHILFE IST EINE HALBE SACHE IN JAPAN

Fukushima

Als sich Tokyo für die Olympischen Sommerspiele 2020 bewarb, gab es genug kritische Stimmen, vor allem im Hinblick auf die zerstörten Atommeiler in Fukushima. Die Regierung versprach, dass das Problem gelöst wird. Doch wie das passieren soll, ist eine andere Sache.

Die Regierung bestimmte nach der Atomkatastrophe von Fukushima, dass jeder Helfer, der beim Aufräumen mit dabei ist, gute 20.000 Yen erhalten soll. Jeder Helfer, wohlgemerkt – nicht jede Firma pro Helfer. Sah man sich allerdings die Stellenausschreibungen an, war meistens von circa 7.000 Yen, zu der Zeit gut 50 Euro, Tageslohn die Rede. 50 Euro, um Tag für Tag in einer noch schwelenden Atomreaktorruine zu arbeiten, ist nicht gerade viel Geld. Der dreifache Betrag auch nicht unbedingt, aber die Rede ist hier von Helfern ohne jegliche fachliche Qualifikation.

Aber ...

Betrachtet man die Dimension der im AKW von Fukushima entstandenen Probleme, dann ist es schon beachtlich, mit wie viel Energie und innovativer Technik das Land die Probleme angeht. Während der Aufräumarbeiten gab es immer wieder Havarien. Die meisten wären vermeidbar gewesen, wenn man Fachleute eingesetzt hätte – von denen gibt es aber viel zu wenige. Man versucht also, trotz dieses Widerspruchs die Lage schnellstmöglich zu entschärfen, was freilich trotzdem Jahrzehnte dauern wird. Man darf trotz allem nicht vergessen, dass das Hauptproblem weder die Erdbeben noch der Tsunami waren, sondern Schluderei – bei der Planung, beim Bau und beim Betrieb des AKW. Vom Anfang bis zum bitteren Ende, quasi.

Nun sind Japaner seit jeher beim Umgang mit Atomenergie etwas entspannter als Europäer – teils aus Unwissenheit, teils aber auch weil das Land keinerlei Geschichte im Kampf gegen Kernenergie und Endlagerstätten hat. Japan war während und nach der Reaktorkatastrophe gewissermaßen das Gegenteil von Deutschland: Während im fast 10.000 Kilometer entfernten Deutschland sofort eine Massenhysterie und blinder Aktionismus ausbrachen, passierte in Japan erst mal ... nichts. Sicher, die Menschen schauten bestürzt auf die Nachrichten und sahen mit Entsetzen, wie ein Reaktorgebäude nach dem anderen explodierte. Gleichzeitig kauften jedoch die meisten nur allzu gern ihrer Regierung die Beteuerungen ab, dass alles unter Kontrolle sei. Abgelenkt war man ohnehin genug, denn das Erdbeben und der Tsunami machten vielen schon genug zu schaffen.

Vor diesem Hintergrund erscheint es verständlich, dass man in Japan überraschend schnell 5.000 Freiwillige zum gefährlichen Reinemachen im AKW zusammentrommeln konnte. Es gibt schließlich genug arme Schlucker, die sich als Tagelöhner durchschlagen und aus dem Teufelskreis der Armut nicht herauskommen – für die würden gute 20.000 Yen pro Tag richtig verlockend klingen. Wenn es die denn gäbe. Denn umgehend schoben sich Bauunternehmen mit zahlreichen Subunternehmer-Ebenen zwischen Staat und AKW-Hilfskraft. Der Staat hat gewiss nicht die Mittel und das Know-how, genügend Freiwillige zu finden und zu koordinieren – und so hat er auch keine wirksamen Mittel, um zu kontrollieren, wie viel Lohn die Menschen, die im AKW arbeiten, am Ende wirklich erhalten. Beziehungsweise wohin der Rest des ihnen zugedachten Geldes eigentlich verschwindet.

Die Rede ist in erster Linie von Bauunternehmen – ein seit langer Zeit von den Yakuza geschätztes Gewerbe, denn da kann man mittels Preisabsprachen prima Gewinne erzielen und ganz nebenbei den Eindruck erwecken, dass alles ganz legal ist. Die Yakuza haben dazu auf jeden Fall auch die richtigen Beziehungen zu den richtigen Leuten – egal ob auf gute Weise oder schlechte. Und wenn es jemand schafft, genügend Freiwillige für Fukushima aufzutreiben, dann sind es die Yakuza. Man braucht nicht allzu viel Fantasie, um sich vorzustellen, was für Fachkräfte die mehr oder weniger dubiosen Baufirmen rekrutieren.

Was letztendlich aus dieser Situation wird, hat man leider beim schweren Erdbeben in Kōbe im Jahr 1995 sehen können. Die Pfeiler einer eigentlich erdbebensicher gebauten Schnellstraße knickten ein wie Streichhölzer: Um Kosten zu sparen, hatten die Hintermänner der Baufirmen beschlossen, den

Beton ein klein wenig mit Sand zu strecken. Man darf entsprechend gespannt sein, was in Fukushima noch alles zutage treten wird.

Gut zu wissen

Die japanische Regierung hat in den 1990er-Jahren begonnen, verstärkt gegen die Yakuza vorzugehen. Der Begriff Yakuza steht für die Zahlen 8-9-3 und stammt von einem uralten japanischen Spiel, das dem Blackjack ähnelt. 8-9-3 ist in diesem Spiel die schlechtmöglichste Kombination und bedeutet deshalb übersetzt in etwa »nichts auf der Hand haben«. Der Begriff Yakuza wird offiziell übrigens nicht mehr verwendet, da er ja eigentlich nichtssagend ist und mitunter verklärt-romantisch wirkt. Zumindest auf einige Menschen. Neusprech für Yakuza ist *bōryokudan* – »gewalttätige Gruppen«. In immer mehr Industrien müssen Firmen einen Eid ablegen, dass sie mit besagten Gruppen keine Verbindungen haben – ansonsten drohen empfindliche Strafen. Vor allem in der Provinz sind die Yakuza jedoch durchaus noch präsent. Das ist nicht weiter verwunderlich, da sehr viele Mitglieder der Gruppen in der Lokalpolitik aktiv sind.

21

DER JAPANISCHE STAAT ZAHLT GERN AUCH RENTE AN TOTE

Bevölkerungsstatistik

Nur allzu gern wird hervorgehoben, dass Japaner eine außergewöhnlich hohe Lebenserwartung haben. Und das trotz der vielen Industrie und des mitunter harschen Arbeitslebens. Dabei gibt es genug Indizien, die dagegensprechen.

In Sachen Lebenserwartung fällt Japan im internationalen Vergleich schon seit Jahrzehnten auf: Lässt man kleinere Länder oder Gebiete wie Andorra, Monaco oder Macau außen vor, so steht Japan seit Langem auf dem ersten Platz bei der Lebenserwartung für Frauen. Die nämlich können damit rechnen, 87 Jahre alt zu werden. In Deutschland sind es vier Jahre weniger. Japanische Männer haben etwas Pech – sie werden statistisch gesehen nur 80 Jahre alt; laut WHO war das im Jahr 2014 nur Platz 8. So weit, so gut. Diese Zahlen setzen jedoch voraus, dass die Grundzahlen stimmen, sprich dass die Regierung wirklich genau weiß, wer wann geboren und wann gestorben ist. Das mit dem Geburtstag ist in der Regel kein Problem: Japan hat ein recht engmaschiges Geflecht an Einrichtungen für werdende Mütter und Neugeborene, sodass die Kinder ordnungsgemäß registriert werden. Der Haken liegt beim zweiten Parameter, dem Sterbedatum.

Japan kann sich rühmen, ein feudales Familienregister zu haben. Das nennt sich *koseki tōhon* und ist mit dem Problem verbunden, dass es meist an dem Ort verbleibt, wo der Registrierte – oder dessen Vorfahren – geboren wurden. Da Japaner jedoch sehr mobil sind, vor allem was die Landflucht anbelangt, führt dies dazu, dass das Familienregister und die Wirklichkeit weit auseinanderklaffen. Gut möglich, dass die Gemeinde Tamba-Sasayama, hinter den sieben Bergen und den sieben Tälern, laut Familienregister gut 40.000 Einwohner hat, aber die leben womöglich mittlerweile nicht nur in Tamba-Sasayama, sondern auch in Kōbe, Osaka oder Tokyo. Vielleicht sogar im Ausland. Stirbt aber nun ein Tamba-Sasayamaer irgendwo in der Fremde, und gibt es niemanden in der Nähe, der sich um ihn gekümmert hat, dann kann es schnell passieren, dass das Familienregister nicht richtig geändert wird, und schon hat man eine Karteileiche.

Aber ...

Schaut man sich vor allem auf dem Land sowie auf den abgelegenen Inseln um, bekommt man in der Tat den Eindruck, dass viele Japaner steinalt werden. Und nicht nur das: Sie arbeiten auch bis zum beinahe letzten Tag. Nicht wenige betreiben mit 80 Jahren noch ihre Landwirtschaft, schaufeln mit 90 das eigene Haus vom Schnee frei oder arbeiten mit 75 noch als Taxifahrer oder Parkplatzeinweiser. Allerdings haben nicht wenige alte Japaner dabei gar keine andere Wahl.

Im Jahr 2010 rückten Beamte der Stadt Tokyo zu einer besonderen Mission aus: Sie wollten dem laut Melderegister ältesten Bewohner der Stadt ein Ständchen vortragen, denn laut Computer wurde er an diesem Tag 111 Jahre alt. Und das ist doch ein Grund zum Feiern, oder? Sie trafen den Herrn auch tatsächlich an. Im Oberzimmer des Familienhauses. Viel mehr als Knochen war jedoch nicht übrig, denn das Geburtstagskind war schon seit 30 Jahren tot. Das hatte die Familie nicht davon abgehalten, 30 Jahre lang weiter die Rente zu kassieren. Und sie hatten auch eine einleuchtende Erklärung parat: Der Großvater hatte verfügt, dass er zum *sokushinbutsu* werden wollte – einem lebendig mumifizierten Mönch. Von daher stand das Melden des Todes außer Frage, denn dann hätte er ja beerdigt werden müssen. Ein paar Tage später hatten die gleichen Amtsleute in Tokyo erneut Pech: Als sie nun der ältesten Bewohnerin, 113 Jahre alt, gratulieren wollten, öffnete ihnen nur deren 90-jährige Tochter und erklärte, dass sie ihre Mutter schon seit sehr langer Zeit nicht gesehen hätte. Doch damit nicht genug. Plötzlich stellte auch eine Gemeinde fest, dass sie laut Melderegister einen 200-Jährigen in ihren Reihen hat. Das ist zwar sicher ganz schön und ein Grund zum Feiern allemal, doch Vorkommnisse wie diese lassen doch arge Zweifel daran aufkommen, ob das feudale Familienregister noch funktioniert – und ob die darauf aufbauenden Statistiken überhaupt stimmen können.

Harte Fakten

Nach Bekanntwerden der Tatsache, dass die beiden ältesten Bewohner der Stadt Tokyo nur noch auf dem Papier existierten, wurde man im Wohlfahrtsministerium hellhörig und begann, ernsthafte Untersuchungen anzustellen. Dabei stellte man fest, dass 3 % der über 85-Jährigen »zu Unrecht« Rente bezogen, womit in erster Linie bereits verblichene Rentenempfänger gemeint waren. Und es geht noch schlimmer: Die Behörden konnten nur bei 23.000 von gut 44.000 über 100-Jährigen einwandfrei ihre Existenz feststellen. Soll heißen, bei fast der Hälfte der über 100-Jährigen ist man sich nicht sicher, ob sie noch leben. Und da man versucht hat, sie zu besuchen, und über 100-Jährige wohl eher selten spontan in den Campingurlaub fahren, muss man befürchten, dass die meisten der nicht Angetroffenen in der Tat nur noch auf dem Papier existieren.

22

EINTÖNIGKEIT AHOI! MIT VIER JAPANISCHEN WORTEN KOMMT MAN IM ALLTAG DURCH

Wortschatz

Haiku, Tanka, Nō, Rakugo, Kyōgen – die Japaner haben im Laufe der Jahrtausende sehr komplizierte und interessante literarische Ausdrucksformen hervorgebracht. Lauscht man jedoch Alltagsgesprächen und Fernsehsendungen, bekommt man schnell den Eindruck, dass sich Gespräche auf nur vier Wörter reduzieren lassen können.

Man könnte Wetten darauf abschließen: Man schalte einfach den Fernseher zur Mittagszeit ein, wähle ein x-beliebiges Programm (den Bildungskanal ausgeschlossen) und zähle die Sekunden, bis man das Wort *oishii* hört. In den meisten Fällen wird man keine 60 Sekunden warten müssen. *Oishii* bedeutet »schmeckt gut«, eine recht häufige Alternative ist außerdem *umai,* was am besten mit »lecker« übersetzt wird.

Das Fernsehen, vor allem am Morgen und in den Mittagsstunden, zur Genüge aber auch am Abend, dreht sich im Wesentlichen ums Essen. Die Probanden, in der Regel bekannte Gesichter aus Funk und Fernsehen, müssen irgendwelche Sachen in sich hineinstopfen und dann möglichst glaubhaft »*Oishii!*« in die Kamera rufen. Am besten noch mit vollem Mund.

Spielt uns da das Fernsehen etwas vor? Aber nicht doch. Wohin man auch geht, überall hört man das Wörtchen *oishii*. Essen und Trinken haben in Japan einen sehr hohen Stellenwert – wesentlich höher als zum Beispiel in Europa oder Amerika – und das merkt man umgehend an den Gesprächsthemen. Mir ist das gleich bei meiner ersten Reise nach Japan klar geworden: Auf dem Weg nach Japan hatte ich einige Zeit in Indien verbracht. Da ich auch in Indien zum ersten Mal weilte, war der Kopf noch voller Bilder von Slums, blinden Bettlern und anderen weniger erquicklichen Sachen. Kaum war ich jedoch in Japan angekommen und erwähnte, dass ich vorher in Indien gewesen war, folgte stets die gleiche Reaktion: »Und, war das Curry dort wirklich lecker?« Dies schien die drängendste Frage jedes Gesprächspartners zu sein.

Man stelle sich eine Welt vor, in der es viele verschiedene Dinge zu essen gibt. Eine Welt ohne größere Probleme. Eine Welt, in der es nichts Schöneres gibt als essen und das Reden über das Essen. Eine Welt, in der sich alles andere schon irgendwie regeln wird. Willkommen im japanischen Universum! Natürlich hat man seine eigenen Probleme, und natürlich hat man von den Problemen in anderen Teilen der Welt zumindest schon einmal gelesen. Doch all dies hat sich dieser einen zentralen, alles beantwortenden Frage unterzuordnen:

»Hat es geschmeckt?« Aber hallo! Die Welt lässt sich so auch wunderbar in verschiedene Zonen unterteilen. Indien? Curry! Korea? Kimchi! Deutschland? Würstchen. Mehr muss man nicht wissen.

Aber ...

Man muss im Japanischen ganz deutlich zwischen Schrift- und Umgangssprache unterscheiden. Niemand redet in *Haiku* oder *Tanka,* und Gespräche, besser gesagt Small Talk, werden ganz bewusst so allgemein wie möglich gehalten, da sehr viele Gesprächsthemen wie zum Beispiel Politik, alles, was mit Geld zu tun hat, oder Erfolge von Familien- mitgliedern besser nicht angeschnitten werden sollten. Es gibt aber Ausnahmen von der Monotonie – vor allem ein Gespräch mit sehr alten Japanern kann äußerst interessant werden. Das setzt allerdings weit fortgeschrittene Japa- nischkenntnisse voraus, denn selbst junge Japaner haben ihre liebe Not, den Älteren sprachlich zu folgen: Das liegt unter anderem an älteren Mundarten, aber auch an vielen komplizierten Wörtern, die man sich nur mit jahrzehntelan- ger Lektüre japanischer Zeitungen und Bücher aneignen kann.

Doch *oishii* ist nur eines von vier Wörtern, die man unbedingt kennen sollte. Nummer zwei und drei gehören zusammen und sind schnell gelernt: *Samui* bedeutet kalt, *atsui* heiß. Diese beiden Wörter hört man auf der Straße extrem oft. Es scheint, dass die Wohlfühltemperatur für Japaner bei 24,517 Grad liegt. Alles darüber ist *atsui,* alles darunter ist *samui.* Es muss wohl eine ungeschriebene Regel des Small Talks in Japan sein, dass eines der beiden Wörter unbedingt am Gesprächsanfang auftauchen muss. Gern werden dabei auch Ausländer miteinbezogen – so schon mehrfach an Bushaltestellen und anderen Orten geschehen:

»Heiß heute, was?«

»Ja, sehr heiß!«

»Verstehen Sie Japanisch?«

»Ja!«

»Heiß heute, was?«

Das vierte, ebenfalls sehr wichtige Wort, das man vor allem von Japanern im Ausland hört, ist *sugoi.* Das Wort kann man je nach Situation etwas anders übersetzen, aber im Wesentlichen bedeutet es »erstaunlich«. Und es ist einfach alles erstaunlich. Das Essen im Ausland zum Beispiel. Die Geschwindigkeit oder Langsamkeit eines Kellners. Die Farbe eines Hauses. Und natürlich kann man das Wort auch wunderbar mit den eingangs erklärten drei Wörtern kombinieren: *sugoi oishii, sugoi samui* und so weiter. Das ist zwar grammatikalisch nicht ganz korrekt, wird aber der Einfachheit halber einfach so gemacht.

Fazit: Japanisch lernen beziehungsweise verstehen ist gar nicht so schwer. Man muss nur die richtigen Vokabeln kennen. Zumindest, so lange man mit Small Talk und dem japanischen Standardfernsehen zufrieden ist. Es gibt allerdings ein großes Aber rund um das Japanischlernen, und das offenbart sich im nächsten Kapitel.

Gut zu wissen

Nur tote Sprachen ändern sich nicht. Wenn es danach geht, ist Japanisch eine quicklebendige Sprache, denn sie wandelt sich rasant. *Sugoi* zum Beispiel bedeutete bis vor ein paar Jahrzehnten eigentlich nur »furchtbar« oder »schrecklich«, doch mittlerweile hat das Wort seine ausschließlich negative Bedeutung verloren und kann praktisch überall benutzt werden. Je nach Altersgruppe ist das Wort *sugoi* dabei eigentlich schon wieder aus der Mode gekommen – stattdessen werden dann Präfixe wie *chō*- oder *metcha*- benutzt. Aber auch das ist eigentlich schon wieder out.

23

AUCH MIT JAPANISCHKENNTNISSEN IST MAN IN JAPAN VERLOREN

Dialekte

In Japan spricht man Japanisch. So weit, so gut.
Doch wie in anderen Ländern auch gibt es ein Standardjapanisch sowie mehr oder weniger stark davon abweichende lokale Dialekte. Die sind mitunter so verschieden, dass auch gebürtige Japaner aufgeben.
Doch damit nicht genug.

Eines Tages erhielt ich den Auftrag, zwei Wochen lang mit einer Gruppe japanischer Oberstufenschüler im Rahmen eines Austauschprogramms quer durch Deutschland zu fahren. Jede Region in Japan entsandte eine Gruppe mit ungefähr zehn Schülern. Und da die Schüler nicht Deutsch sprachen, bekamen alle einen Dolmetscher zur Seite gestellt. Beim Briefing trafen alle Dolmetscher erstmals zusammen – und jedem von ihnen wurde eine Region zugeteilt. Das war aus gutem Grund aufregend: Kommt die Gruppe aus Hokkaido oder Tokyo? Dann sollte es keine größeren Probleme geben. Kommt sie aus Kansai? Da wird es ein bisschen schwerer, aber man gewöhnt sich schnell daran, und die Leute sind meist sehr direkt. Was mich betraf, kann man nur eines sagen: Es hat nicht sollen sein. Nach meinem Namen wurde vorgelesen: Minami-Tōhoku. Der Süd-Nordosten. Genauer gesagt die Präfekturen Fukushima, Miyagi und Yamagata.

Nun sind Oberstufenschüler schon schwer genug zu verstehen, da sie schnell mal Wörter und Redewendungen benutzen, die nur Eingeweihte (oder Menschen, die exakt die gleichen Fernsehsendungen sehen) kennen. Dass sie dabei noch aus Tōhoku kamen, machte den Auftrag um einiges interessanter. Ganz eigentlich hätte man eine Zulage verlangen können. In den drei südlichen Präfekturen von Tōhoku spricht man den gleichnamigen Dialekt, den man problemlos in weitere Unterdialekte unterteilen kann. In vielen Gegenden klingt der Dialekt wie eine Art sächsisches Japanisch: leicht melodisch und mit dem Hang, zum Beispiel k wie g auszusprechen. Aus der *kaki* (Auster) wird da ganz schnell eine *gagi*. Das Problem besteht darin, dass Japanisch ohnehin schon eine lautarme Sprache ist – es gibt nur eine stark begrenzte Anzahl von Silben, weswegen es fürs Verstehen ungemein wichtig ist, ob ein Wort mit *ko* oder *go* beginnt. Reduziert man nun noch die Anzahl der Silben, indem man »k« durch »g« ersetzt, wird es wesentlich schwerer, sein Gegenüber zu verstehen. Damit hatten die Austauschschüler einen Vorteil gegenüber ihren Kollegen: Wenn sie nicht wollten, dass ihr Reisebegleiter und Dolmetscher etwas versteht, dann konnten sie das mühelos erreichen.

Doch es geht noch schlimmer. Die Gegend südlich von Kagoshima, auf der Insel Kyushu, war schon vor Jahrhunderten eine besondere Gegend, die nicht immer auf der gleichen Linie mit der Zentralregierung war – so es denn eine solche Linie gab. Infolgedessen entwickelte man im Laufe der Jahrhunderte eine Art Geheimsprache. Das beinhaltete auch das Ändern von diversen Wörtern. Aus dem Wort *sashimi* (roher Fisch) wurde so zum Beispiel *mu'en* (wörtlich: »ohne Salz«), und die Älteren in der Gegend benutzen diese Wörter durchaus noch immer. Aus dem standardjapanischen *sashimi tabemashō* (»Lass uns Sashimi essen«) wird so ein *mu'en kuō*, und das muss man erst mal wissen.

Nun sind Dialekte natürlich kein japanisches Phänomen. Schließlich kann ein Ausländer noch so viel Deutsch lernen und wird trotzdem nicht verstehen, was »oiwei«, »schnaken« oder »Modschegiebschen« bedeutet. Doch Japan wartet noch mit einer zweiten interessanten Hürde für Ausländer auf. Nennen wir sie mal die »Es-kann-nicht-sein-was-nicht-sein-kann«-Hürde. In den Köpfen vieler Japaner herrscht die Meinung vor, dass Ausländer – vor allem wenn sie nicht aus Asien stammen – kein Japanisch können, sondern nur Englisch. Obwohl es im japanischen Fernsehen durchaus fließend Japanisch sprechende Ausländer gibt, hält sich dieses Vorurteil noch immer. Da der Vorurteilsträger also davon ausgeht, dass das, was der Ausländer da gerade eben sagt, auf gar keinen Fall Japanisch sein kann, wird es mit der Unterhaltung schon etwas schwierig. Viele schaffen es, nach einer Wiederholung des Satzes umzuschalten und zu akzeptieren, dass es sich um Japanisch handelt. Bei einigen jedoch führt kein Weg herein: Sie antworten in verquerstem Englisch und beharren darauf, dass sie nicht verstehen, was man ihnen sagt. Das verleitet fließend Japanisch sprechende Ausländer in Japan gern schon mal zur Frage »Sprechen Sie Japanisch?«. Der Grund für diese gelegentlich frustrierende Reaktion der Japaner ist eigentlich ganz einfach: Japan ist kein Einwanderungsland und war nie eines. Der Ausländeranteil ist sehr gering und der Großteil der Zuwanderer stammt aus China und Korea. Damit sind fließend Japanisch sprechende Ausländer wirklich noch so etwas wie ein Wunder, an das man sich erst einmal gewöhnen muss.

Gut zu wissen

Sehr zum Leidwesen all derer, die Japanisch lernen, gibt es kein richtiges Referenzmaterial wie im Deutschen den Duden. Diverse Verlage bringen alljährlich ein Jahrbuch heraus, in dem neue Wörter – meistens dem Englischen entlehnte – aufgelistet und beschrieben werden, doch es gibt Unterschiede zwischen den einzelnen Verlagen. Auch in Sachen Stil gibt es keine eindeutigen Regeln. Das führt dazu, dass nur sehr, sehr wenige Japanischlehrer einen Text so akzeptieren können, wie er ist. Es spielt keine Rolle, wie viele andere Japaner den Text bereits korrigiert haben – der Lehrer wird auf jeden Fall etwas bemängeln. Wenn man nach dem Grund fragt, hört man nicht selten »Das klingt einfach besser«.

24

JAPANER HABEN ECHT KEINEN SINN FÜR NATURSCHAUSPIELE

Kirschblüte

Japaner sind furchtbar stolz auf ihre vier Jahreszeiten – beinahe könnte man glauben, dass die von Japanern erfunden wurden. Die Jahreszeiten werden regelrecht zelebriert, und im Frühjahr ist die Kirschblütenschau das Hauptereignis. Wer denkt, dass man dabei voller Ehrfurcht auf die Blütenpracht schaut, irrt sich gewaltig.

Jahr für Jahr wird sie mit Spannung erwartet: die alljährliche Kirschblüte. Sie steht für die Schönheit, aber auch Vergänglichkeit der Natur. Und sie steht ebenso für das Ende der langen, nach japanischem Ermessen kalten Jahreszeit (die Tageshöchsttemperatur in der Gegend von Tokyo im Winter liegt bei 10 Grad – plus, wohlgemerkt). Die Kirschblüte läutet eine der zwei schönsten Wetterperioden ein: die Zeit zwischen Winter und Regenzeit. Danach ist erst einmal lange Zeit Ebbe, denn nach der Regenzeit folgt umgehend brütende Hitze. Erst im Herbst wird es wieder erträglich, wenn man von den Taifunen absieht.

Die Kirschblüte beherrscht die Medien schon ein, zwei Wochen, bevor es losgeht. Das meteorologische Amt veröffentlicht detaillierte Karten der »Kirschblütenfront« – auf ihnen kann man ablesen, wann wo die Kirsche in voller Blüte steht. Im Süden beginnt dies durchaus schon Anfang März, auf Hokkaido hingegen erst Ende April oder Anfang Mai. Und sobald die Knospen aufbrechen, wird es hektisch: Das *hanami*, wörtlich »Blütenschau«, will nun organisiert werden. Mit der Familie, mit Freunden, mit Kollegen. Große Planen werden organisiert, und man überlegt, wer was kocht oder mitbringt. Wichtig ist auch die Planung, wer wo wie viel Alkohol kauft – denn dieser spielt die eigentliche Hauptrolle. Und letztendlich geht es um die Frage, wo man sich nun mit seiner Plane und seinen Fressalien niederlässt, um die Blüten zu bestaunen. Unzählige Bücher, Zeitschriften und Websites sind voller Tipps für den richtigen Ort. Wer in Tokyo oder der näheren Umgebung wohnt, kann sich zudem gleich darauf gefasst machen, dass man die Blüten mit rund 30 Millionen anderen Menschen teilen wird.

Erschwert wird das Ganze durch unbeständiges Wetter. Richtig schön anzusehen sind die Blüten nur eine knappe Woche lang, und da man ja arbeitet, bleibt meist nur das Wochenende. Es sei denn, die Firma sponsert eine Feier, was durchaus vorkommt. Und so nimmt die Kirschblüte ihren Lauf. Am ersten wärmeren Tag strömen Abermillionen Menschen in die Parks – manche schon nachts, um mit ihrer großen, am liebsten blauen Plane das Revier zu markieren. Schon früh, gegen 8 oder 9 Uhr, wird es langsam eng. Die Gruppen können aus fünf, manchmal auch aus über 20 Personen bestehen, und alle haben Unmengen von Essen und meistens auch tonnenweise Alkohol in Dosen und Flaschen dabei. Das Schauspiel kann beginnen.

Getrunken wird von Anfang an, und das nicht zu knapp. Es dauert nicht lange, bis die Zauberformel »Alkohol plus Gruppe« zu wirken beginnt. Es wird laut. Man schwatzt, lacht, singt – und gelegentlich brüllt man sich auch mal an oder prügelt sich, aber das ist eher selten. Die Kirschblütenschau ist wie Männertag, nur mit weiblicher Beteiligung. Dass viele Japaner eigentlich keinen Alkohol vertragen, sieht man später am Nachmittag und Abend überall, natürlich auch in den Zügen. Hinzu kommt der Müll: Da Japan noch immer eine Gesellschaft ist, die auf Wegwerfverpackungen und Getränkedosen schwört, ist alles, aber auch wirklich alles voller Müll.

Wer einen größeren Park in Tokyo wählt, sieht den Rasen vor lauter Menschen nicht. Und das stille Bewundern der in der Tat imposanten Blütentracht fällt ob des allgemeinen Tohuwabohus nicht leicht. Die meisten würdigen die Blüten keines Blickes, sondern sind permanent damit beschäftigt, sich oder anderen nachzuschenken. So recht kann man es den Beteiligten aber auch nicht verübeln: Bald schon sind alle Blüten abgefallen, und wie jedes Mal hat man nicht genügend Zeit und Muße, das Schauspiel in aller Ruhe zu genießen. Stattdessen muss man wieder mit hoffnungslos überfüllten Parks vorliebnehmen – und bei Firmenfeiern mit etwas Pech auch noch mit Leuten, die man in der kargen Freizeit eigentlich nicht treffen möchte. Wohl dem, der zu dieser Zeit als Besucher in Japan weilt und sich Zeit und Ort aussuchen kann. Es lohnt sich auf jeden Fall, vorher etwas zu recherchieren.

Gut zu wissen

Es gibt etliche Kirschbaumarten in Japan, die in verschiedenen Farben und Formen sowie zu verschiedenen Zeiten blühen. Leider tragen alle diese Bäume keine verwertbaren Früchte, sodass man zwar ein ganzes Land voller Kirschbäume hat, dann aber trotzdem umgerechnet 5 Euro für eine Handvoll Kirschen hinblättern muss. Besuchern der Hauptstadtregion sei die Kirschblütenschau auf der Halbinsel Izu empfohlen – oder ein nächtlicher Spaziergang unter angestrahlten Kirschbäumen entlang des Meguro-Flusses im Stadtzentrum.

25 JAPANER MÖGEN ES SEHR, SEHR SEICHT

Musikgeschmack

Eigentlich sind Japaner Musikliebhaber. Es gibt viele hartgesottene und enorm bewanderte Klassikfans, und auch zahlreiche andere Genres, darunter zum Beispiel German Metal, erfreuen sich ungebrochener Beliebtheit. Schaut man sich allerdings die Charts oder einschlägige Musiksendungen an, bekommt man das kalte Grausen.

Da ist sie ja, die Top Ten der japanischen Musikindustrie für das gesamte vergangene Jahr, basierend auf Verkaufszahlen. Mal sehen, wie viele verschiedene Bands wir in der Top Ten finden. Oh! Ganze zwei Bands! Arashi für die Mädchen, und AKB48 für die Jungs. Das ist aber schön übersichtlich! Fast könnte man meinen, dass es in Japan nur diese beiden Bands gibt, dabei haben Musiklabels, Werbung und Vertrieb einfach nur gute Arbeit geleistet: Die Musikindustrie hat es geschafft, den Hype um die Musik zu perfektionieren und fast das ganze Volk auf Mainstream zu trimmen.

Aber ...

Schaut man sich ein bisschen genauer um, findet man auch in Japan – zumindest in den Großstädten – eine Musiksze-ne für jeden Geschmack. Jazz, Punk, Samba, Hip-Hop – fast alles ist dabei. Es gibt unzählige kleine wie große Live-Clubs, dafür aber so gut wie keine Diskotheken. Wer etwas abseits der Großstädte wohnt und ausgefallene Musik liebt, hat gänzlich verloren. Gleichgesinnte wird man kaum fin-den, sodass nur der Rückzug in die eigene Kemenate hilft.

Die japanischen Charts sind für Zugereiste meistens schwer verdauliche Kost. Über 80 % der Künstler sind Japaner und singen entsprechend auf Japanisch. Großteils jedenfalls, denn irgendwann kam es in Japan in Mode, zwischendurch ein paar Wörter auf Englisch einzustreuen, und sei es nur »*Love you, baby!*«. George Orwell beschrieb in seiner düsteren Zukunfts-vision *1984* computerähnliche Maschinen, die ganz von allein Lieder für das Proletariat zusammenstellen, inklusive Melodie und Text. Diese Vision scheint in Japan schon vor langer Zeit Wirklichkeit geworden zu sein: Die Melodien, poppiger als Kylie Minogue in ihren besten Jahren, ähneln sich alle sehr und spülen schnell das Gehirn weich. Das Ganze wird nur noch von den Texten übertroffen – meistens absolut Belangloses aus dem Lala-Land, durchzogen von haarsträubend falschen englischen Satzbauteilen. Das ganze nennt sich J-Pop und ist nicht selten ein Kunstprodukt im anderen Sinne. Dahinter stecken oftmals nicht etwa brillante Musiker, sondern einfach nur ein cleverer Produzent, der irgendwo ein paar Tänzer aufgetrieben hat. Milli Vanilli quasi, aber in viel größerem Stil.

Zur Gewinnmaximierung hat man sich dabei etwas Neues ausgedacht: Man paart einfach Musikperformance mit Big Brother und macht die Bands so groß, dass immer irgendwie irgendwo über die Band gesprochen oder geschrieben wird. AKB48 (AKB steht für den Tokyoter Stadtteil Akihabara, das Mekka der potenziellen Fans und Startpunkt vieler Girl-Bands) hat, man ahnt es schon, 48 Mitglieder. Bei einem Live-Auftritt erscheinen meistens nur 12 davon, und schon kann man vier Konzerte gleichzeitig veranstalten und entsprechend vierfach abkassieren. Die treuen Fans dürfen dann auch gelegentlich abstimmen, wer aus der Band fliegt und wer Nummer 1 ist, und die interne Bandregel, dass aktive Mitglieder keine Liebesbeziehungen eingehen dürfen, sorgt für genug Stoff in der Gerüchteküche. Die Regel ist verständlich. Welcher einsame Mann jubelt schon gern einer bereits vergebenen Frau zu? Ach so, nein, es ging ja um Musik.

Im Chor singen, dabei synchron tanzen: Das ist die Essenz japanischer Hitparadenmusik. Nur selten verirrt sich ein ausländischer Künstler hierher, doch wenn das geschieht, dann wird auch er gnadenlos vermarktet. Auch *Enka*-Künstler, also japanische Schlagersänger, landen gelegentlich in den Charts. Äußerst populär ist in Japan auch »der Typ mit der Klampfe«, den man vor jedem größeren Bahnhof antreffen kann. Einige von ihnen schaffen es später sogar in die Hitparade.

So viele unterschiedliche Musikarten abseits des Mainstreams in Japan auch gehört werden: Zwei Dinge fallen auf. Zum einen gibt es kaum Musik mit politischen Texten – und auch keine Fans solcher Bands. Zum anderen existiert so gut wie keine düstere Musik à la The Cure oder Joy Division. Gibt's nicht, basta. Bei großen Konzerten wird es noch einmal sehr speziell: Oftmals haben die Besucher feste Sitzplätze, anderenfalls sind die Zuschauerbereiche in viele kleine Zonen eingeteilt, aus denen man nicht herauskommt. Und dann heißt es: Immer schön mit allen anderen im Takt klatschen und mit Leuchtstäben winken. So schön langweilig kann Harmonie sein.

Praxistipp

Wer wissen möchte, welche ausländische Band demnächst in Japan spielt, ist in der Regel auf englischsprachige Wochen- oder Monatsmagazine wie zum Beispiel *Metropolis* in Tokyo oder *Kansai Scene* in Osaka angewiesen. Diese Magazine sind in der Regel kostenlos und liegen in einschlägigen Pubs aus (und haben natürlich zudem auch Websites). Es lohnt auch, sich über alljährlich stattfindende Musikfestivals in Japan zu informieren – so zum Beispiel über das Fuji Rock Festival (das allerdings mittlerweile nicht mehr am Fuji-san, sondern in der Präfektur Niigata stattfindet). Wer hingegen auf der Suche nach japanischer Mainstream-Musik ist, sollte einfach mit Japanern in Karaoke-Bars gehen. Die gibt es quasi an jeder Straßenecke und sind seit den 1970er-Jahren ein wesentlicher Bestandteil japanischer Alltagskultur. Die interessantesten Musikclubs in Japan findet man übrigens in Ebisu, Shibuya und Shinjuku – allesamt Bezirke von Tokyo.

26

JAPANER SCHEINEN ES ZU MÖGEN, WENN SICH DAS ESSEN AUF DEM TELLER NOCH BEWEGT

Sushi

Vielen fällt beim Stichwort Japan bestimmt sehr schnell das Wort Sushi ein. Was in Sachen roher Fisch jedoch im Ausland angeboten wird, ist lediglich die angepasste – man könnte auch sagen: verharmloste – Variante. Und es gibt noch ein paar mehr Geheimnisse zu lüften.

Igitt, roher Fisch – wie oft habe ich das früher zu hören bekommen, wenn es um Japan ging. Mir war diese Abneigung von Anfang an unverständlich, denn rohen Fisch zu essen, bedeutet ja nicht, dass man herzhaft in den nächstbesten Karpfen beißt. Und schließlich wundert sich in Europa auch niemand über Matjesfilets oder Räucherlachs – beides im Prinzip ja auch roher Fisch. Kein Grund also, sich nicht an Sushi heranzuwagen – an *die* japanische Spezialität schlechthin. Aber halt, damit bringt man ja plötzlich ganz Korea gegen sich auf! Viele Koreaner behaupten nämlich, dass Sushi eigentlich eine koreanische Erfindung sei und von Japan lediglich kopiert wurde. In der Tat: Überall in Korea findet man *gimbap* – Gemüse und manchmal auch Fisch mit saurem Reis, eingewickelt in Algenpapier. Allerdings ist dies nur eine von zahlreichen Sushi-Variationen. Ganz eigentlich betrachtet kommt der Vorläufer des Sushi aus einer ganz anderen Gegend – nämlich aus Südostasien, wo man den Fisch, um ihn länger haltbar zu machen, auf Reis legte und fermentieren ließ. Eine der Urform nahe Variante gibt es in Japan noch immer – das sogenannte *funazushi*, eine Spezialität aus der Gegend um den Biwa-See. Das muss man allerdings mögen, denn *funazushi* hat einen sehr strengen Geruch und ist damit auf halbem Wege, zum berühmt-berüchtigten Surströmming zu werden.

Aber ...

An alle Fisch-Skeptiker: Sushi muss nicht nur mit rohem Fisch zu tun haben – es gibt sehr viele fischfreie Sorten, zum Beispiel mit Gurke, mit *nattō* (vergorene Bohnen), süßem Ei oder Mais-Mayonnaise-Salat, um nur einige zu nennen. Da roher Fisch auch in Japan immer teurer wird, kann man als Faustregel sagen, dass es in billigeren Sushi-Restaurants mehr fischfreie Sorten gibt als in teuren Läden.

Im Ausland weniger bekannt ist die reisfreie Variante des rohen Fisches – das Sashimi. Oder um es auf Italienisch auszudrücken: Carpaccio. Noch weniger bekannt ist die Unterart *ikizukuri:* Da zeigt der Fischmeister, wie schnell er ist, denn wenn der aufgeschnittene und schön dekorierte Fisch beim Gast ankommt, lebt er noch und kann quasi dabei zuschauen, wie er verspeist wird. Frischer geht es nun wirklich nicht. Wer das Gericht nicht kennt, kann sich schnell zu Tode erschrecken, wenn die Stäbchen aus Versehen den Fisch antippen und der reflexhaft noch ein letztes Mal nach Luft schnappt. Für allgemeine Erheiterung sorgt auch der (eher selten vorkommende) Verzehr fangfrischer Seeigel: Beim Essen ist darauf zu achten, dass der gespaltene Seeigel nicht wegrennt.

Überhaupt scheint man in Japan gern den Genuss mit dem Nervenkitzel zu verbinden, sonst wäre man früher nicht auf die irrwitzige Idee gekommen, sein Leben mit dem Verzehr des hochgiftigen Kugelfisches aufs Spiel zu setzen. Die Kunst bestand ursprünglich darin, gerade noch so viel Gift im Fisch zu lassen, dass man beim Essen ein Taubheitsgefühl auf der Zunge bekam. Das ist jedoch schon lange verboten – schließlich reicht schon eine winzige Menge, um nicht nur die Zunge, sondern auch den kompletten Herzmuskel zu lähmen.

Für die fortgeschrittenen Sushi-Esser gibt es gelegentlich auch Neues zu probieren, garniert mit der süffisanten Frage des messerschwingenden Sushi-Chefs: »Na, was ist das wohl?« Seegurke, Aalbabys, Seescheide – es darf geraten werden. Schließlich kommt alles auf den Reis, was nicht schnell genug wegschwimmen kann. Die Japaner sind da echt nicht zimperlich. Leider kann man in vielen Sushi-Restaurants einen Qualitätsabfall feststellen: Es kommen immer häufiger Sorten auf den Tisch, die man noch vor ein, zwei Jahrzehnten zurück ins Meer geworfen hätte.

Wer Sushi in Japan probiert, sollte sich genau überlegen, wo er das tut. Es gibt unzählige Sushi-Ketten, die sehr billig und vor allem auf Familien zugeschnitten sind. Dort geschieht alles automatisch – in den modernen Restaurants bestellt man mit dem Tablet, und keine Minute später kommt das Bestellte auf einem Mini-Shinkansen direkt bis zum Tisch angeflitzt. Das freut natürlich den lieben Nachwuchs, aber es erinnert ein bisschen an Trogfütterung. Mit richtigem Sushi hat das leider auch nicht allzu viel zu tun. Einen richtig echten Sushi-Laden, mit wenigen Plätzen und einer langen Schlange vor der Tür, muss man erst mal finden, doch die Warterei lohnt sich definitiv, denn es liegen Welten zwischen den Sushi-Ketten und echten Restaurants. Das trifft natürlich auch auf die Rechnung zu.

Gut zu wissen

Sushi ist eine japanische Spezialität, und die Betonung liegt dabei auf dem Wort »Spezialität«. Es gibt nämlich nicht allzu viele Japaner, die häufiger als alle paar Wochen Sushi essen. Über die Entstehung des Wortes Sushi gibt es verschiedene Theorien, aber sie haben alle eines gemeinsam: Das *su* in Sushi steht für Essig. Ursprünglich, weil der eigentlich gepökelte und leicht fermentierte Fisch säuerlich schmeckte – heute wird der säuerliche Geschmack durch das Ansäuern des Reises mit Reisessig imitiert. Sashimi kommt hingegen häufiger auf den Tisch – als Beilage. Schließlich wird es in den Supermärkten bereits fertig geschnitten angeboten und ist damit leicht herzurichten. Die Zubereitung von Fisch für Sashimi und Sushi ist eine wahre

Kunst – echte Sushi-Meister durchlaufen eine mehrjährige Berufsausbildung, bei der sie in den ersten Jahren nicht ein einziges Mal Fisch anfassen dürfen.

27

JAPAN IST DAS LAND, IN DEM IN PUNCTO GLAUBE ALLES GEHT

Religionsgemeinschaften

Eine wirklich große Rolle spielt die Religion im japanischen Alltagsleben nicht. Die Japaner sehen das Ganze eher pragmatisch und haben ein diffuses, wenn auch grundsätzlich vorhandenes Bild vom Glauben. Sehr laxe Religionsgesetze sorgen allerdings für aberwitzige bis irrsinnige Religionsauswüchse.

Als ich 2011 zur Recherche in die vom Tsunami am stärksten betroffene Gegend im Nordosten von Japan fuhr, näherten sich mir an einer Bushaltestelle zwei Frauen, eine ältere und eine junge. Beide waren sehr konservativ gekleidet, und beide waren des Englischen mächtig. Eine Kombination, die mir bekannt vorkam. Und siehe da, es waren die Zeugen Jehovas, die in der Gegend unterwegs waren, um »den Menschen Trost zu spenden«. Andere nennen das einfach Missionieren. Sicher, die vom Tsunami betroffenen Menschen brauchten in der Tat sehr viel Trost. Aber in dieser Form?

Missionare gehören zum japanischen Alltagsbild. Auffällig sind zum Beispiel die stets gleich gekleideten Mormonen – junge Männer, die im Anzug, mit schwarzem Namensschild und Fahrradhelm auf dem Kopf durch die Straßen radeln und querbeet Leute ansprechen. Nicht selten bieten sie kostenlose Englischkurse an und verpacken so ihre Botschaft hübsch in der Aussicht, die eigenen Englischkenntnisse aufpolieren zu können. So weit, so normal. Doch die zahlreichen christlichen Strömungen haben in Japan sehr viel Konkurrenz – und zwar mitunter recht abenteuerliche. Das merkt man zum Beispiel bereits bei einem Besuch auf der internationalen Buchmesse: Die Stände der Verlage mit religiösem Hintergrund kann man kaum zählen. Scientology ist ebenso dabei wie die Moon-Sekte und etliche andere, die in nicht wenigen Ländern verboten sind. In Japan herrscht Religionsfreiheit, und die gilt als sehr hohes Gut. Die Hürden für das Verbot einer Religion beziehungsweise einer religiösen Vereinigung sind entsprechend sehr hoch. Interessanterweise schafft es dabei das Christentum nicht, ernsthaft in Japan Fuß zu fassen: Während man in Südkorea an jeder Straßenecke eine – meist neue – Kirche findet, muss man in Japan danach suchen.

Aber ...

Auch wenn der Begriff Sekte meist eher bedrohlich klingt, sind die meisten Sekten in Japan eigentlich harmlos. Gerade beim Buddhismus spricht man zwar häufig von Sekten, meint dies aber nicht negativ – in dem Fall könnte man genauso gut die Begriffe »Strömung« oder »Schule« verwenden. Dabei sind die Grenzen jedoch fließend. Es gibt durchaus Weltuntergangssekten mit buddhistischen Elementen oder auch solche, die einfach alle Weltreligionen zusammenwerfen.

Sekten wären an sich nicht weiter der Rede wert, wenn die Mitglieder unter sich blieben und den Rest der Menschheit mit ihrem Blödsinn verschonen würden. Doch dem ist in Japan nicht so: Es gibt sogar Sekten, die eine politische Partei gründen und damit zur Wahl antreten. Der bekannteste Vertreter dieser Gattung dürfte die *kōfuku jitsugen tō* sein – die Partei der Verwirklichung des Glücks. Nun ist Glück natürlich nichts Verwerfliches und eine Partei, die sich um dessen Verwirklichung kümmert, durchaus willkommen, doch die Sekte dahinter – immerhin mit eigener Universität und allem Pipapo – glaubt daran, dass alle Menschen vor ihrer Geburt im Himmel herumgeistern und sich irgendwann die Eltern selbst aussuchen. Sie ist außerdem davon überzeugt, dass Jesus Christus wiedergeboren wird – im Jahr 2050, irgendwo bei Bangkok. Das sollte man sich ganz dick im Kalender anstreichen. Irgendwann in naher Zukunft wird wohl auch Amerika auseinanderbrechen, und natürlich dürfen auch unsere lieben Außerirdischen nicht fehlen. Es ist also einiges los in der Sekte, wobei man sich ernsthaft fragen muss, wie Außerirdische, auseinanderbrechende Kontinente und ein thailändischer Jesus zur Verwirklichung des Glücks beitragen werden.

Eigentlich wären solche Sekten ja urkomisch – wenn einige von ihnen nicht fest daran glauben würden, dass man möglichst viele Mitmenschen ungefragt von ihrem Elend erlösen müsse, und sei es durch Giftgas. So geschehen beim berühmten Giftgasanschlag auf die Passagiere der Tokyoter U-Bahn im Jahr 1997. Die dafür verantwortliche Aum-Sekte residierte zuvor im vierten Stock eines etwas seltsamen Gebäudes im Tokyoter Stadtteil Ebisu und wurde als eine weitere Gruppe von Verrückten angesehen. Doch wie es manchmal bei solchen Sekten so ist: Die Verrückten müssen nicht unbedingt dumm und ungebildet sein. Vorerst unbemerkt schaffte Aum es, mal eben eine Giftgasproduktionsanlage aufzubauen – mit besorgniserregenden Kapazitäten. Der Anschlag auf die U-Bahn in Tokyo mit 12 Toten sollte nur einen Vorgeschmack darauf geben, was die zu Erlösenden in den Großstädten noch erwarten sollte. Zwar wurden nach dem Anschlag ein paar Mitglieder zum Tode verurteilt, aber die Sekte gibt es dank maximaler Religionsfreiheit noch immer. Man nennt sich heute Aleph und ist unter anderem auch in Russland aktiv. Immerhin hat die Sekte jedoch die meisten Mitglieder verloren und steht – so hofft man zumindest – unter genauer Beobachtung.

Gut zu wissen

Eigentlich sollte man von einem Land wie Japan erwarten, dass es nach dem Giftgasanschlag in Tokyo das Übel bei der Wurzel packt und obskure Religionsgemeinschaften etwas genauer durchleuchtet – und im Zweifel verbietet. Stattdessen schraubt man lieber alle Mülleimer in Bahnhöfen ab, um zu verhindern, dass dort jemand Giftgas oder Bomben deponiert, und führt alle paar Wochen in Bahnlinien »Aktionswochen zur Aufrechterhaltung der öffentlichen Sicherheit« durch, bei denen alle Fahrgäste gebeten werden, die Augen offenzuhalten und verdächtige Gegenstände und unbeaufsichtigtes Gepäck zu melden.

28

JAPANISCHE LEBENSMITTEL SIND OFT PURER GIFTMÜLL

Ernährung

Roher Fisch, viel Gemüse, keine exzessiv großen Mahlzeiten – aus der Ferne betrachtet wirkt die japanische Küche so gesund wie kaum eine andere auf der Welt. Doch die Wirklichkeit sieht anders aus.

Theoretisch lebt man in Japan äußerst gesund. Es gibt viel frischen Fisch, massenhaft Obst und Gemüse – und eine Lebensmittelindustrie, die nicht ganz so stark unter Preisdruck steht wie die in der EU oder den USA. Das hat seinen Preis – Lebensmittel sind um einiges teurer als in unseren Breiten. So weit also die Theorie des Ernährungsverhaltens. Was allerdings sofort stutzig macht, sind die Unmengen an Fast-Food-Restaurants: McDonalds, die koreanische Kette Lotteria, der japanische Anbieter Mosburger (laut eigenen Angaben ganz, ganz gesund) und wie sie alle heißen. Kann es sein, dass Japaner trotz der eigenen hervorragenden Küche Fast-Food-Fans sind? Die Antwort: ja, ja und nochmals ja. Und besser noch: Fast Food wird in Japan in keinster Weise stigmatisiert. Niemand rümpft die Nase, wenn jemand erzählt, dass er heute bei McDonalds war. Mütter gehen mit ihrem gerade mal so auf zwei Beinen stehenden Nachwuchs hin, ebenso alte, auf drei Beinen stehende Menschen. Fast Food ist fester Bestandteil der Esskultur. Und damit die Alten auch wissen, was sie bekommen, werden die Menübezeichnungen mit kleinen Hinweise versehen: Chicken McNuggets heißen dann *karaage* – frittiertes Huhn aus der klassischen japanischen Küche –, wobei man versucht ist, das McDonalds-Gewölle mit Leitungswasser und vernünftige *karaage* mit Champagner zu vergleichen.

Sicher gibt es das eine oder andere Skandälchen – mal findet jemand eine alte Schraube im Hamburger, mal jemand einen frittierten Käfer in den Pommes. Dann regen sich alle kurz auf, und schon ist die Sache (wieder) gegessen. Kein Wunder: Fast Food in Japan ist spottbillig, man kann ewig lange im Restaurant sitzen bleiben, und den Kindern gefällt es natürlich, da McDonalds und Co. mit allerlei Tinnef für die lieben Kleinen aufwarten.

Aber …

Wer sich ein bisschen bemüht, kann sich natürlich auch in Japan durchaus gesund ernähren. Je weiter man von den Großstadtzentren entfernt lebt, desto leichter fällt das, da viele Japaner eigenes Obst und Gemüse anbauen und direkt verkaufen. Auch an frischem Meeresgetier mangelt es in der Regel nicht – auch wenn vieles mittlerweile nicht mehr aus der unmittelbaren Umgebung Japans stammt.

Es ist jedoch nicht der gelegentliche Fast-Food-Verzehr, der besorgniserregend ist. Es ist eher das Essen aus den sogenannten *konbini* (die japanische Verkürzung von *convenience stores*), das den Untergang der japanischen Zivilisation einleitet. Die 24-Stunden-Läden bieten alles an, was das Herz begehrt, und dazu gehört auch eine breite Auswahl an Fertiggerichten, die man entweder kalt oder frisch aus der Mikrowelle verzehren kann. Vor allem geplagte Großstadtarbeiter beziehen nicht selten einen Großteil ihrer Nahrung aus ebendiesen Läden, und da zahlreiche Gerichte auch japanisch sind, denkt man sich nichts dabei. Ist ja Gemüse drin. Dass beispielsweise die *onigiri* genannten Reisbällchen auch nach drei Tagen in der Sonne noch frisch aussehen (ein selbst gemachtes Exemplar beginnt schon nach einem Tag zu verschimmeln), stört niemanden. Man isst sie ja sofort.

Die miserable Qualität beschränkt sich nicht nur auf das Essen aus besagten *konbini*. Auch Supermärkte halten so einiges bereit. Eine Riesenauswahl an Instant-Nudeln zum Beispiel oder dubiose Brotprodukte, deren Zutatenliste sich wie ein Katalog aller möglichen chemischen Zusatzstoffe liest. Man fragt sich ernsthaft, wie man es schafft, so viele verschiedene Stoffe in eine Scheibe Brot zu packen. Das Faszinierende daran ist, dass es absolut niemanden zu kümmern scheint. Zwar veröffentlichte mal ein Insider aus der *Konbini*-Zulieferindustrie, was da eigentlich so alles ins Essen gepackt wird, und das Buch war durchaus ein Bestseller, doch geändert hat sich letztendlich rein gar nichts. Sicher, es gibt ein paar besorgte Hausfrauen, die darauf achten, wie sich der Göttergatte ernährt, und deshalb liebevoll *bento* zubereiten – manchmal sehr fantasievoll gestaltete Essenspakete –, doch selbst dabei ist es relativ schwer, diese Boxen mit gesunden Sachen zu füllen. Schließlich enthält schon der normale Schinken aus dem Supermarkt circa 20 verschiedene Zusatzstoffe.

Harte Fakten

Japaner zahlen einen hohen Preis für das bequeme Essen. So erkranken zum Beispiel rund 120.000 Japaner pro Jahr an Darmkrebs, und dabei handelt es sich nicht etwa nur um alte Menschen, sondern allzu oft um 30- bis 40-Jährige. Dank einer Vorsorgeuntersuchung überleben die meisten das in dem Alter zwar noch, doch während ich in Deutschland keinen Krebsfall unter meinen Altersgenossen kenne, fallen mir in Japan reihenweise Leute (meist Geschäftspartner) ein, die sehr jung an Krebs erkrankten.

29

FRÜHER WUNDERTE SICH IN JAPAN NIEMAND ÜBER MÖNCHE, DIE IN ERDLÖCHERN SAßEN

Buddhismus

Lotusblüten, Yoga, Mantras, ein lächelnder Dalai-Lama – der Buddhismus gilt als ruhige, friedliebende Religion ohne einen Hauch von Fundamentalismus. Doch unter der Oberfläche steckt mehr.

Japan hat im Laufe seiner Geschichte so einiges importiert: die Kunst, Eisen herzustellen, chinesische Schriftzeichen – und eine ganze Religion namens Buddhismus. Im Laufe der Geschichte verlief der Siegeszug des Buddhismus nicht immer reibungslos: Der japanische Kaiser, seines Zeichens oberster Shintopriester, war den buddhistischen Mönchen ein dicker Dorn im Auge, sodass es immer wieder zu Machtkämpfen kam. Heute glauben viele sowohl an Shintoismus als auch an Buddhismus. Oder sie glauben eben nicht daran. Zumindest nimmt man gern die wichtigsten Zeremonien beider Religionen mit.

Das Bild vom ruhigen Wesen des Buddhismus ist nicht grundsätzlich falsch: Er trägt wesentlich dazu bei, dass Japan heutzutage ein relativ friedliches und friedliebendes Land ist. Angenehm ist dabei vor allem, dass die Religion nicht aufdringlich, dafür aber Neuem gegenüber generell relativ aufgeschlossen ist. Allerdings gibt es so viele verschiedene buddhistische Strömungen im Land, dass eine Verallgemeinerung schwerfällt.

Schaut man sich den Buddhismus in Japan genauer an, entdeckt man ein paar interessante Dinge. So zum Beispiel bei den Mönchen, die – und das ist in anderen buddhistisch geprägten Ländern nicht anders – sehr harte Prüfungen durchstehen müssen. Art und Härte dieser Prüfungen hängen stark davon ab, welcher buddhistischen Schule man angehört. Es gab – und vielleicht auch noch gibt, so genau kann man das nicht sagen – Mönche, die es gar nicht erwarten können, zum nächsthöheren Level zu gelangen. Das Konzept: Als Mensch in seiner sterblichen, imperfekten Hülle kann man nicht die höchste Stufe erreichen – wie sehr man sich auch anstrengt, man wird nicht zum Buddha. Zumindest eine Strömung im Buddhismus versucht dieser doch essenziellen Einschränkung zu entgehen. Sie schlägt einen Weg vor, mit dem ein Mönch doch zum Buddha werden kann, nämlich, indem er sich lebendig mumifiziert und dabei – kleines, aber bedeutendes Detail – bis zum Ende in sitzender Position verbleibt.

Die Prozedur war schmerzhaft – und dauerte lange: der Regel nach 2.000 Tage, also über fünf Jahre. In den ersten tausend Tagen aßen die Mönche nur noch gewisse Wurzeln und Nüsse und trieben viel Sport: Ziel war es, jegliches Gramm Fett loszuwerden, denn das ist bei einer Mumifizierung nicht dienlich. In den folgenden tausend Tagen tranken die Mönche dann einen eigentlich giftigen Tee aus den Stoffen des Lackbaums – dieser Tee bewirkte, dass der Körper im wörtlichen Sinne zu giftig wurde, um Würmer und dergleichen als Speise zu dienen. Danach ging es im Lotussitz in ein dunkles, enges Grab – mit einer Glocke und einem zur Außenwelt führenden Luftschlauch. Jeden Tag klingelte der Mönch dann mit dem Glöckchen – so er noch lebte. 1.000 Tage nach dem letzten Klingeln schauten die Mönche schließlich nach, ob die Mumifizierung gelungen war oder nicht. Bei den meisten wohl nicht, denn bisher sind nur um die 20 gelungene Beispiele bekannt. Die, die es geschafft hatten, wurden umgehend zu Buddhas erklärt. Diese Praxis fand man vor allem in Nordjapan (aber zum Beispiel auch in der Mongolei) – aber nur bis zum Beginn des 20. Jahrhunderts: Heute ist das Ganze nicht mehr zeitgemäß und wird dementsprechend nicht mehr praktiziert. Sagt man.

Gut zu wissen

Der Buddhismus in Japan ist durchaus gut aufgestellt. Dafür sorgt unter anderem die Sōka Gakkai genannte Sekte mit ihrem politischen Ableger, einer Partei namens Kōmeitō, die zwar wohl nie eine Wahl gewinnen wird, aber schon lange als Juniorpartner auf der Regierungsbank sitzt. Besagte Sekte hat nicht nur großen politischen Einfluss, sondern auch wirtschaftlichen. Zu ihrem Imperium gehören Kindergärten, Schulen und sogar eine Universität. Es gibt allerdings auch in Japan viele kritische Stimmen, die den Sektencharakter der Gemeinschaft anprangern – wenn auch meist hinter vorgehaltener Hand.

30

DIE JAPANISCHE SCHRIFT SPIEGELT WIDER, WIE MAN IM LAND DENKT

Schriftzeichen

Die japanische Schrift ist kompliziert. Sie würde beispielsweise ohne chinesische Schriftzeichen nicht funktionieren; zusätzlich kommen noch drei Alphabete zum Einsatz. Viele Schriftzeichen und Wörter öffnen dabei ein Fenster in die Vergangenheit und sind oft ein glasklares Abbild davon, wie die japanische Gesellschaft früher aufgestellt war – und es auch heute noch ist.

Was es zum Beispiel nicht alles für Wörter für »Ehefrau« gibt! Die Anzahl ist beeindruckend, und aus der Verwendung der Wörter lässt sich oftmals schon das Alter des Sprechers ablesen – und manchmal auch sein Verhältnis zur Göttergattin. Sage mir, wie du deine Frau nennst, und ich sage dir, wer du bist. Einige Begriffe sind dabei nicht unbedingt schmeichelhaft.

Das am häufigsten benutzte Wort, wenn man gegenüber anderen von seiner Frau redet, ist wohl *tsuma*. Das ist ziemlich wertungsfrei und höflichkeitsneutral. Redet man jedoch über die Gattin des Gesprächspartners, wird daraus *oku-san* oder *oku-sama,* je nachdem, wie höflich man erscheinen möchte. *Oku* bedeutet »hinten« oder »im Innersten« und bezieht sich darauf, wo die Gattin, fernöstlichen Lehren entsprechend, hingehört: ins Hausinnere. In die gleiche Bresche schlägt der Begriff *kanai* – auch das bedeutet »im Hausinneren«. Viele Japaner, vor allem jüngere, nennen ihre Frauen auch *yome,* was eigentlich »Braut« bedeutet und – man ahnt es schon – sich aus den Elementen »Frau« und »Haus« zusammensetzt. Der absolute Favorit ist jedoch eine Bescheidenheitsform, die ältere Japaner gelegentlich noch benutzen, wenn sie mit einer Respektsperson sprechen. Da im Japanischen Bescheidenheit alles und Prahlerei nichts ist, wird ein Begriff gewählt, der die eigene Gattin kein bisschen in gutem Licht stehen lässt. Aus diesem Grundgedanken entstand irgendwann das Wort *gusai* – und das setzt sich aus den Zeichen für »dumm« und »Ehefrau« zusammen. Ergo: »Meine bescheuerte Gattin ist heute einkaufen.« Aber nein: So darf man es letztendlich nicht übersetzen, denn so ist es nicht gemeint. Oder?

Aber ...

Ob gut oder schlecht – der Großteil der Japaner benutzt die Schriftzeichen unbewusst. Erst wenn man, zum Beispiel als Ausländer, im Erwachsenenalter mit der irrwitzigen, aber kurzweiligen Aufgabe beginnt, über 2.000 Schriftzeichen zu erlernen, klammert man sich an jede Eselsbrücke, die man finden kann. Und so haben Japanisch lernende Ausländer nicht selten einen offeneren, bewussteren Blick auf diese uralte und hoch logische Schriftsprachenvariante.

Allein das Zeichen für Frau hält noch viel mehr bereit. Frau mit Dach darüber? Bedeutet »sicher« (aber auch »billig«, doch diese Bedeutung ist relativ neu – und unlogisch). Frau mit Kind daneben? Bedeutet »gut«. Frau mit »junger Baum« daneben? Bedeutet jüngere Schwester. Richtig Pech haben Schwiegermütter: Das Zeichen dafür setzt sich aus den Elementen »Frau« und »alt« zusammen. Das Leben kann so grausam sein.

Nachgedacht ...

Einige Schriftzeichen oder Wörter sind also frauenfeindlich? Ja, und? Während diese archaischen Ausdrucksformen in westlichen Gesellschaften wahrscheinlich schon längst verpönt wären, kümmert dies in Japan quasi niemanden. Japan ist eines der letzten vom Feminismus gänzlich unberührten Länder; die gesamte Thematik ist dort komplett unbekannt. Wer sollte sich da über so etwas wie diskriminierende Schriftzeichen aufregen? Mir fällt niemand ein.

Ein kleiner Exkurs in Schriftzeichen

女	Frau
子	Kind
好	gut
家	Haus
未	junger Baum
妹	jüngere Schwester
嫁	Ehefrau, Braut
古	alt
姑	Schwiegermutter

31

SO MANCHER JAPANER HAT EINEN ZWEIFELHAFTEN LITERATURGESCHMACK

Mangas

Wenn man unter den japanophilen Ausländern herumfragt, warum sie auf Japan gekommen sind, tauchen meist die Stichworte Kampfsport oder Manga (beziehungsweise Anime) auf. Die Auswüchse der Manga-Kultur sind stellenweise allerdings erschreckend.

Der Zug fährt los, und da es früh am Nachmittag und etwas außerhalb von Tokyo ist, gibt es sogar einen freien Sitzplatz. Neben mir sitzt ein schwitzender, vielleicht 30 Jahre alter Japaner im Anzug. In seinen Händen: eine fette Schwarte, hergestellt aus einem Papier, das man so nur in kirgisischen Haushalten als Toilettenpapier finden wird. Ein Manga. Und zwar ein eindeutiger Fall von »Masse statt Klasse«-Manga. Das stört den Leser natürlich nicht, und ein flüchtiger Blick auf den Inhalt erklärt auch die Schweißperlen auf seiner Stirn: Das Manga ist durch und durch »H« – gelesen *etchi*, abgeleitet von der englischen Aussprache des Buchstabens H. Es dreht sich um Sex. Nicht etwa in subtilen Andeutungen, sondern so richtig mit Bienen und Blumen. Sehr grafisch, denn es kann für den Leser ja sonst zu anstrengend sein, die Fantasie spielen zu lassen. Neben Romeo sitze nicht nur ich, sondern auf der anderen Seite auch noch ein junges Mädchen, vielleicht 12 Jahre alt, in Schuluniform. Passend dazu dreht sich die Sexszene im Manga gerade darum, wie ein Mann, in etwa 30 Jahre alt, im Anzug, gerade ein Schulmädchen vergenusswurzelt. Um Himmels willen! Die Schülerin wirkt nach einer Weile auch ganz irritiert – wahrscheinlich hatte sie aus Versehen zu ihrem Sitznachbarn geschaut.

Wie verzweifelt ein Mann sein muss, um in einem halbwegs vollen Zug ein Porno-Manga zu degoutieren, kann man nur erahnen. Die Vermutung liegt nah, dass man es hier mit einem *cherry boy* zu tun hat – einer männlichen Jungfrau. Gegen Sexszenen in Mangas und Animes ist ja nicht allzu viel einzuwenden, doch erschreckend ist das Alter der herbeifantasierten weiblichen Hauptrollen: Die stecken nämlich fast immer in Schuluniform und sehen sehr, sehr jung aus. Anderswo würde man diese Werke mit ziemlich hoher Wahrscheinlichkeit als Kinderpornografie verbieten. Hier geht es wohlgemerkt um die sichtbare Spitze des Eisberges – um zu wissen, wie der Rest aussieht, muss man sich wahrscheinlich viel mehr mit der Materie beschäftigen. Genügend Sex findet man aber auch in normalen Mangas für Mädchen und Jungs. Genauer gesagt dienen Mangas vielen Jugendlichen als einzige Aufklärungsquelle, wobei die Darstellungen natürlich nicht immer gerade der Realität entsprechen ...

Nun ist es nicht so, dass sich niemand an diesen Mangas stört. Es gab sogar schon Initiativen mit dem Ziel, Mangas mit kinderpornografischen Ansätzen zu verbieten, doch all das wurde bisher immer mit dem Hinweis auf die künstlerische Freiheit der Zeichner abgeschmettert. Damit besteht nach wie vor die Sorge, dass die gemalten Handlungen gelegentlich mal aus den Büchern ausbrechen und von den Lesern wirklich begangen werden. So wie der gelegentliche Amokschütze, der »laut Aussagen von Bekannten ein großer Fan von Ballerspielen war«. Neigt der Leser von Porno-Mangas zu sexuellen Straftaten, weil er davon gelesen hat? Oder sind Menschen mit Hang zu sexuellen Straftaten immer auch Fans von Porno-Mangas – vielleicht sogar mit der Prämisse, dass das Lesen den potenziellen Straftäter von echten Handlungen abhält? Es darf diskutiert werden. Doch Fakt ist, dass es in Japan viele sexuelle Delikte gibt. Fakt ist auch, dass viele Delikte nicht angezeigt werden. Fakt ist zum Dritten, dass in Japan Agenturen existieren, bei denen man für Geld echte Schulmädchen »zum Händchenhalten und mehr« mieten kann. Fakt ist zum Vierten, dass die Mitglieder der beliebtesten Girl-Bands so aussehen, als ob sie kurz vor der Geschlechtsreife stehen – während bei südkoreanischen Girl-Bands meist mit einem betont femininen Aussehen gespielt wird (und die Mädchen in nordkoreanischen Bands einfach nur brutal ausschauen).

Mangas durchdringen alle Gesellschafts- und Altersgruppen. Man sieht sehr alte Menschen Manga lesen, genauso wie Kinder im Vorschulalter. Wird irgendein Manga und/oder Anime populär, setzt sich das gesamte Marketingräderwerk Japans in Bewegung. Es wird auf Teufel komm raus vermarktet. Mit den Büchern und Filmen, aber auch mit Musik und albernen Tänzchen. Die durchdringen die Kinderstuben kurz darauf derart penetrant, dass man nur noch diese eine Melodie hört. Man möchte die junge Zielgruppe erschließen? Dann muss diese Musik her. Selbst bei einigen *O-bon*-Festen, bei denen traditionell eigentlich die Ahnen geehrt werden, hört man dann plötzlich besagte Melodien, denn Kinder wollen ja schließlich auch für diese uralte Tradition begeistert werden. Ob das wirklich gut ist?

Harte Fakten

Mangas erfreuen sich seit Jahrzehnten großer Beliebtheit. Die erfolgreichsten Titel verkaufen sich dabei bis zu 12 Millionen Mal pro Jahr – rechnerisch kauft also jeder zehnte Japaner ein solches Manga. Allerdings sind fast alle Mangas Serien, dementsprechend kaufen viele Menschen mehrere Bände innerhalb eines Jahres. Insgesamt werden in Japan pro Jahr Bücher im Wert von umgerechnet rund 8 Milliarden Euro. Das ist weniger als beispielsweise in Deutschland, was daran liegt, dass Bücher in Japan wesentlich billiger sind: Während in Deutschland gut 400 Millionen Bücher pro Jahr verkauft werden, sind es in Japan über 12 Milliarden. Fast die Hälfte davon – 5,5 Milliarden – sind Mangas. Das bedeutet, dass jeder Japaner im Schnitt 45 Mangas pro Jahr kauft. Weltrekord!

32

JAPANISCHE POLITIK IST EIN SUMPF, AUS DEM ES KEIN ENTRINNEN GIBT

Parteien

Ein hier nicht namentlich genannter Japanologie-professor begann einst eine Vorlesung zur politischen Kultur Japans mit den Worten »Japan hat eine erstklassige Wirtschaft, zweitklassige Menschen und drittklassige Politiker«. Über den Mittelteil dieser Aussage kann und sollte man streiten, aber der letzte Teil stimmt. Leider.

Die Organisation Transparency International veröffentlicht alljährlich einen Index, der aussagt, als wie korrupt ein System empfunden wird. Japan steht dort nicht allzu schlecht da (Rang 18 von 168 Ländern im Jahr 2015). Bei diesem sogenannten »Korruptionswahrnehmungsindex« geht es um den öffentlichen Sektor, der natürlich mit der Politik verbunden ist, aber nur begrenzt abbildet, wie korrupt Politiker sind. Dieses Thema ist im Allgemeinen in ganz Ostasien sehr interessant, denn mehr noch als anderswo sind hier Aufmerksamkeiten und Gefälligkeiten der Kitt, der alles zusammenhält. Die ostasiatischen Länder haben auch gemeinsam, dass gern als Gruppe gedacht und gehandelt wird. Das spiegelt sich auch in der Politik wider: Es ist noch gar nicht so lange her, dass in Japan der Dorfälteste vorgab, wer gewählt werden sollte – und in der Regel fügte sich dem das gesamte Dorf. Dafür gab es dann Zugeständnisse vom meistbietenden Politiker, und so hatte jeder etwas davon: der Politiker einen Sack voller Wählerstimmen, das Dorf einen netten Zuschuss und der Dorfälteste Anerkennung. Den jahrzehntelang das Land unangefochten regierenden Liberaldemokraten konnte das nur recht sein.

Da die Dorfbevölkerung jedoch langsam ausstirbt und die japanische Wirtschaft kein Selbstläufer mehr ist, haben sich die Dinge etwas geändert. Und dank zahlreicher Vorkommnisse wurden Politikern die Daumenschrauben angezogen: Es ist heute nicht mehr so leicht, einem potenziellen Wähler gute 100 Euro in die Hand zu drücken und zu sagen »Ich baue auf dich«– früher war das nicht unüblich. Heutzutage ist Korruption – zumindest scheint es so – kein großes Thema mehr (beziehungsweise nicht wichtiger als zum Beispiel in Mitteleuropa). Es sind eher andere Sachen, die japanische Politiker schnell als drittklassig erscheinen lassen. Dazu gehört die Inhaltslosigkeit – das Fehlen einfachster Konzepte oder klarer Denkrichtungen. Seit dem kurzen Machtverlust der ewig regierenden Liberaldemokraten in den 1990er-Jahren ist die politische Landschaft zersplittert und manche Politiker wechseln die Parteien schneller als ihre Unterhosen. Ganze Parteien wiederum spalten sich, vereinigen sich neu und trennen sich wieder, um sich dann umzubenennen, dass einem ganz schwindlig wird. Dort die Übersicht zu bewahren, ist ein Kunststück.

Aber ...

Die japanische Politik bringt manchmal, aber nur manchmal, denkenswerte Ideen hervor. 2008, während des Lehman-Schocks, setzte man eine Kommission ein, deren Aufgabe es war, den Haushalt zu durchkämmen und nicht Notwendiges zu streichen. Dies wurde alles von einer einzigen Politikerin im Schnellverfahren beschlossen. Betroffene waren anwesend, hatten aber nicht viel zu sagen:

»X Milliarden für den Bau des schnellsten Supercomputers der Welt? Warum reicht es nicht, die Nummer 2 zu sein?«
»Tja, also ...«
»Gut. Damit kürze ich jetzt ihr Budget um 70 %.«

Die Ergebnisse dieses standgerichtähnlichen Verfahrens waren langfristig oft ein Reinfall – doch kurzfristig gab es öffentlichkeitswirksame Ergebnisse. Dass ein riesiger Teil des Haushalts einfach der Schuldentilgung dient und damit unantastbar ist, wurde freilich verschwiegen.

Offensichtlich fehlt zudem eine Art Knigge für Politiker, der festlegt, welche grundlegenden Regeln man beachten sollte. Bei Spesenabrechnungen zum Beispiel. Umgerechnet mehrere Tausend Euro pro Monat für Restaurantrechnungen auszugeben, ist in Japan zwar möglich, wirkt auf Dauer aber doch nicht ganz koscher. Falls diese Dinge ans Licht kommen, wenden viele Politiker die *Gyakugire*-Taktik an: Der Spieß wird umgedreht, mit Wehklagen darüber, dass man doch nichts gewusst habe und überhaupt die Medien und das Volk keine Ahnung hätten, wie schwer das Leben als Politiker doch sei.

Von wegen schwer: Von vielen Politikern hört man, von verbalen Entgleisungen abgesehen, eigentlich nie etwas. Nähert sich jedoch ein Wahltag, kommen sie plötzlich alle aus ihren Bauten gekrochen und fahren mit Lautsprecherwagen durch die Nachbarschaft. Dazu werden Parolen gegrölt und Reden geschwungen, denen keiner wirklich zuhört. Es ist einfach nur laut. Wer nicht aufpasst und in greifbare Nähe eines Politikers gerät, muss plötzlich dessen Hand – meist weiß behandschuht – schütteln. Damit wird die ultimative Form von Volksnähe demonstriert, denn irgendwie muss man ja die lange Abwesenheit davor kompensieren.

Letztendlich bleibt die japanische Politik ein Sumpf, in dem geklüngelt wird, was das Zeug hält. Am Volk vorbeizuregieren, ist ein Muss, ebenso sinnloser Aktionismus. An der Spitze der Politikerriege herrscht beständiges Ringelpiez mit Anfassen: Kaum gibt es einen neuen Ministerpräsidenten, ist er auch schon wieder fort, und meistens weiß man nicht so recht, warum. Während viele Länder seit 1949 nur zehn oder noch weniger Staatsoberhäupter hatten, sind es in Japan mehr als 30. Immerhin hält das Land einen Rekord, was repräsentative Staatsoberhäupter anbelangt: In den 90 Jahren seit 1925 gab es lediglich zwei verschiedene Kaiser.

Harte Fakten

Die undurchsichtige Politik hat ihren Preis: Das Gros der Japaner hat keinerlei Interesse an Politik, und Wahlbeteiligungen von 40 % oder noch weniger sind keine Seltenheit.

Das verdankt man allerdings auch dem Mangel an charismatischen Politikern. Die tauchen nur sehr selten auf – und wenn, dann am ganz rechten Rand des politischen Spektrums. Die japanische Politik wurde nach dem Krieg hauptsächlich von den Liberaldemokraten dominiert. Erst 2009 kam es zu einer großen Zäsur, als die Demokratische Partei haushoch in beiden Parlamenten, dem Ober- und dem Unterhaus, gewann. Das währte allerdings nur fünf Jahre, denn 2014 wendeten die Wähler den Demokraten enttäuscht den Rücken zu. Ansonsten findet man im japanischen Parlament nur kleinere Parteien wie die Kommunistische Partei, die Sozialdemokraten oder die Kōmeitō, eine Partei, die der buddhistischen Sekte Sōka Gakkai nahesteht. Im Jahr 2015 dominierten die eher rechts stehenden Liberaldemokraten das politische Geschehen jedoch so stark, dass man aktuell vergeblich nach einer nennenswerten Opposition sucht.

33

JAPANER KÖNNTEN GUT UND GERN AUF MANCHE BRÄUCHE VERZICHTEN

Traditionen

Teezeremonie, Ikebana, Kimono – man kann in Japan nicht über den Mangel an Traditionen klagen. Das kann man zum Beispiel gut im Sommer beobachten, wenn viele junge Japaner stolz im Kimono zu den Feuerwerken gehen. Doch etliche Traditionen sind überflüssig wie ein Kropf.

Monatsende! Endlich ist Gehaltsauszahlung, und nach einem Monat Stress in der Firma bei mickrigem Lohn hat man sich eines verdient: Shopping! Die eigene Seele streicheln! Doch ach ... Was liegt dort im Briefkasten? Eine Einladung vom ehemaligen Klassenkameraden, den man eigentlich nie so recht mochte. Aha. Er heiratet also. Und er lädt zur Hochzeit ein! Sicher, das ist ein netter Zug. Weniger nett ist allerdings, dass es quasi ein gesellschaftlicher Zwang, auch Tradition genannt, ist, in diesem Fall rund 200 Euro Bargeld mitzunehmen und in einem Briefumschlag beim Empfang abzugeben. Das ist quasi das Eintrittsgeld zu einem langen Nachmittag voller Langeweile und mit Essen bis zum Abwinken, gekrönt von der Rede des Brautvaters, dem nun alle auf das Gesicht starren, um zu sehen, ob er sich die Tränen verkneifen kann oder nicht.

25- bis 35-jährige Japaner haben es nicht leicht. In dieser Altersgruppe ist das Gehalt zumeist noch sehr niedrig und reicht gerade so aus, dass man über die Runden kommt – vor allem bei Frauen. Wenn dann noch permanent Freunde und Kollegen heiraten, kann das richtig ins Geld gehen. Von der eigenen Hochzeit mal ganz abgesehen, denn man erwartet ein rauschendes Fest in einem guten Hotel, und das Ganze kostet schnell mehrere Zehntausend Euro. In dem Sinne ist es nicht verwunderlich, dass man von den Gästen eine Beteiligung an den Kosten erwartet.

Etliche japanische Traditionen haben die dumme Angewohnheit, viel Geld zu kosten. Schulabschlussalbum? Gute 100 Euro. Ob man es wirklich will oder nicht. Das Ganze mal vier für Kindergarten, Grund-, Mittel- und Oberstufe, und dann vielleicht noch mit zwei Kindern, und schon hat man allein für diese Kinkerlitzchen schnell 1.000 Euro ausgegeben. Aber das ist nun mal so, und wer der Schule mitteilt, dass er das Album nicht will, wird mitunter sogar unter Druck gesetzt, es doch noch zu »wollen«. Ähnlich ins Geld gehen all die kleinen Aufmerksamkeiten, zum Beispiel im Sommer oder kurz vor Jahresende – Zeiten, in denen man Menschen, denen man etwas verdankt (außerhalb von Freundeskreis und Familie) traditionell etwas zuschickt. Eine Kiste Obst zum Beispiel oder eine Palette Bier. Das muss jedoch alles vom Feinsten sein. Das Gleiche gilt, wenn man von irgendjemandem einmal Geld bekommen hat – zum Umzug zum Beispiel oder zur Hochzeit, zur Geburt eines Kindes, weil man im Krankenhaus war und so weiter.

Aber ...

Etliche Traditionen, zum Beispiel das Schenken von Geld bei Krankenhausaufenthalten, haben einen ernsthaften Hintergrund: Die Zeit im Krankenhaus kann sehr teuer werden, und viele Japaner kommen bei längeren Krankheiten finanziell in Schwierigkeiten. Das weiß man, und so sind Geldgeschenke durchaus als Nothilfe beziehungsweise als Notkredit zu verstehen.

Sehr viele Japaner würden auch gern die Trinktraditionen abschaffen. Wenn ältere Kollegen einladen, und das passiert in etlichen Firmen täglich, verlangt es die Tradition, dass man hingeht. Und sie verlangt, dass man bis zum Schluss bleibt. Dass man den Älteren und/oder Höhergestellten Alkohol eingießt, wenn das Glas leer ist. Dass jeder in der Runde irgendein albernes Kunststück vortragen muss. Dass man nach dem ersten Gelage den Ort wechselt und zu einem zweiten Gelage zieht. Und so weiter und so fort. Damit wird vor allem jüngeren Mitarbeitern sehr schnell die komplette Freizeit weggeschnitten: Junge Arbeitnehmer kommen dann nur noch zum Schlafen nach Hause und haben kaum eine ernsthafte Gelegenheit, sich einen Freund oder eine Freundin anzulachen – geschweige denn eine Familie zu gründen.

Eine weitere Tradition, die von vielen als Last angesehen wird, ist das Mitbringen von Souvenirs. Hat man seinen kargen Urlaub in der Ferne verbracht, so gehört es sich, seinen Arbeitskollegen und Vorgesetzten ein Souvenir zu präsentieren – in 99 % der Fälle etwas zu essen. Der Hintergrund dieses *omiyage* genannten Mitbringsels ist allerdings nicht, anzugeben oder gar seinen Kollegen eine Freude zu machen. Es ist eher als Bußgeld zu verstehen: Schließlich hat man ja gefaulenzt, während die Kollegen tagein, tagaus schuften mussten.

Viele von jungen Japanern nunmehr als überflüssig angesehene Traditionen kommen aus dem religiösen Bereich: Das Segnen der Kinder gehört ebenso dazu wie der Kauf eines neuen Namens, damit die Verstorbenen nicht mit altem Namen (und alten Sünden) vor der Himmelspforte warten müssen. Auch das kostet alles richtig Geld, ist aber schwer abzuschaffen, da es von jedem erwartet wird.

Harte Fakten

In Japan ist es Tradition, sich für alles Gute zu revanchieren. Als Faustregel gelten dabei 30 %. Das gilt übrigens auch innerhalb von Familien. Das Dumme ist nur, dass diese 30 % meistens für völlig überteuertes Zeug ausgegeben werden. Die Summe der Bargeldgeschenke in Japan ist schwer zu ermessen, aber es sind mit Sicherheit viele Milliarden Euro – was wiederum bedeutet, dass die »Zeug«-Industrie ebenfalls milliardenschwer sein muss. In vielen Fällen ist das »Zeug« essbar – zum Beispiel große Schachteln mit einzeln verpackten Keksen und Küchlein, die schnell über 100 Euro kosten können. Die Qualität ist dabei Nebensache – Hauptsache, es war teuer und sieht teuer aus.

34

JAPAN BIEGT SICH DIE EIGENE VERGANGENHEIT ZURECHT

Geschichtsauffassung

Auf japanischen Weltkarten befindet sich Japan ziemlich genau in der Mitte. Rechts daneben: viel Wasser. Links daneben: Sibirien. Wie Japan aus dieser einmaligen Lage heraus Russland, die USA und halb Asien angreifen konnte und sich trotzdem nach wie vor in einer reinen Opferrolle sieht, ist eines der letzten großen Geheimnisse des Landes.

Japan liegt reichlich isoliert und ist lediglich vom Westen her verhältnismäßig leicht über Wasser zu erreichen. Und es hat keine nennenswerten Bodenschätze oder große Flächen besiedelbaren Landes. Sprich: Japan war und ist kein lohnenswertes Angriffsziel. Die Mongolen versuchten es dereinst trotzdem zweimal, doch beide Male wurden sie vom berühmten *kamikaze* – die einen nennen es »göttlichen Wind«, die anderen »Taifun« – hinfortgefegt. Japan blieb in Sachen Eroberungen jungfräulich – bis zum Zweiten Weltkrieg, als Amerikaner, Russen und diverse Alliierte das Land in die Kapitulation trieben. Vorher schaffte es Japan jedoch mehrfach, Korea und weite Teile Chinas zu erobern, einen Großteil der russischen Flotte zu vernichten, sich bis zum Äquator und weiter südlich auszudehnen sowie amerikanische und australische Häfen zu bombardieren. Nicht ohne einen Preis zu zahlen: Japan war gegen Ende des Zweiten Weltkrieges ein verbranntes Trümmerfeld – ein Zustand, den man allerdings dank zahlreicher schwerer Erdbebenkatastrophen bereits gewohnt war.

Und doch sehen die meisten Japaner, egal ob jung oder alt, ihr Land in der Opferrolle. Wieso eigentlich? Hat Indonesien, damals niederländische Kolonie, zum Beispiel jemals Japan angegriffen, was eine Besetzung rechtfertigen würde? Doch daran denkt man nicht. Japan war im Recht, basta. Und immerhin habe man sich ja schon mal irgendwann dafür entschuldigt. Die betroffenen Länder sollen nicht so nachtragend sein, das ist doch nur Rufmord! Aber woher kommt dieses (fehlende) Geschichtsbewusstsein? Antwort darauf bieten die japanischen Lehrbücher. Die gehen lang und breit auf historische Prozesse wie die Meiji-Restauration im 19. Jahrhundert und noch ältere Geschehnisse ein, doch die Kapitel über den Zweiten Weltkrieg sind mehr als dürftig. Selbst diese mageren Darstellungen sind dabei das Ergebnis langer, zermürbender Diskussionen zwischen Geschichtslehrern, den Lehrergewerkschaften, der Politik und dem Bildungsministerium. Zwar gibt es verschiedene Lehrbücher aus verschiedenen Verlagen, doch die Grundlinie wird vorgegeben und darf nicht verlassen werden. Letztendlich empfiehlt das Ministerium zudem stets das Lehrbuch mit den wenigsten kritischen Bemerkungen zum Krieg.

Man darf nicht alle über einen Kamm scheren: Es mangelt es nicht an Historikern, die die eigene Geschichte kritisch betrachten. Es gibt zudem sehr viele Schullehrer, denen das, was sie laut Ministeriumsvorgabe unterrichten sollen, nicht gefällt. Es sind jedoch nach wie vor die Revisionisten, die in der Politik und im Bildungswesen das Sagen haben, sodass kritische Stimmen kaum eine Chance haben, gehört zu werden.

Zwei historische Fixpunkte geistern immer wieder durch die Medien: das Massaker von Nanking und die sogenannten Trostfrauen. Zahlreichen Augenzeugenberichten zufolge wütete die kaiserliche japanische Armee 1937 drei Tage lang in der chinesischen Stadt Nanking nach deren Eroberung – und massakrierte dabei bis zu 300.000 Zivilisten. So weit die eine Seite. Laut japanischer Darstellung ist in Nanking jedoch genau gar nichts passiert. Und wenn jemand ums Leben kam, dann höchstens ein paar Soldaten. Soll heißen, Nanking ist lediglich eine Erfindung – chinesische Propaganda.

Trostfrauen sind Frauen, die von der kaiserlichen Armee in eroberten Ländern verschleppt und dann zur Zwangsprostitution in staatlich betriebenen Armeebordellen gezwungen wurden. Daher auch die euphemistische Bezeichnung: Sie sollten die Soldaten »trösten«. Viele Japaner zweifeln die Existenz solcher Frauen jedoch an. Sicher, nicht japanische Frauen mögen dort gewesen sein, aber wenn, dann nur freiwillig und gegen Bezahlung. Und überhaupt – gibt es solche Vorfälle nicht in jedem Krieg?

Das Fehlen einer breiten Debatte über die historische Verantwortung des Landes hat System. Das heißt aber nicht, dass die Erzfeinde von einst, Korea und China, nachgeben. Seit Kriegsende werden sie nicht müde, Japans Gräueltaten ans Licht zu zerren – und auch die Wirklichkeit zu verzerren, denn man kann davon ausgehen, dass es auf allen Seiten Demagogen und Propaganda gibt. Das liegt einfach in der Natur der Sache. Japans Strategie scheint zu sein, die Sache auszusitzen. Und nach 70 Jahren sind die Erfolgsaussichten dafür gestiegen. Wenn Japan jedoch denkt, dass Chinesen und Koreaner das Thema irgendwann abhaken, dann hat es sich stark getäuscht. So leicht vergisst man nicht im Fernen Osten.

Gut zu wissen

Auf beiden Seiten wird noch immer mit fragwürdigen Mitteln gekämpft. Die Koreaner haben sich darauf verlegt, in allen möglichen Ländern Trostfrauenstatuen aufzustellen, die an die japanischen Gräueltaten erinnern sollen – so unter anderem in den USA. Japan hingegen ist ebenfalls nicht faul und vergibt regelmäßig großzügige Forschungsgelder an besonders japanfreundliche Universitäten im Ausland. Es kam auch schon vor, dass eine Abordnung der japanischen Botschaft in den USA dem dortigen Lehrbuchverlagsgiganten McGraw-Hill einen unangemeldeten Besuch abstattete und von der Redaktion verlangte, Passagen über Trostfrauen aus Geschichtslehrbüchern zu entfernen.

35

JAPANISCHE TV-SHOWS SIND NUR WAS FÜR HARTGESOTTENE

Fernsehen

Das Fernsehen sagt viel über ein fremdes Land aus. Schließlich zeigen die Sender ja das, was das Volk sehen möchte, was es lustig oder spannend findet – das Fernsehen steht für die Mentalität eines Landes. Oder es das gezeigt, was das Volk laut Regierungswunsch sehen soll. Beides ist in Japan der Fall, und es offenbart so einiges. Fakt ist auch, dass das japanische Fernsehen einige der schrägsten Shows der Welt hervorgebracht hat. Oder anders gesagt: Wer es im japanischen Fernsehen zu etwas bringen will, muss eine ganze Menge durchmachen.

Ein Mensch im Hummerkostüm, der mit einem riesigen Plastikhammer auf wehrlose Mädchen eindrischt. Ein nackter Mann, der im öffentlichen Bad Seife ausschüttet, Schemel aufschichtet und dann bäuchlings schlitternd als menschliche Billardkugel die Schemel umkippt. Ein paar Verrückte, die sich irgendwo für 24 Stunden einsperren lassen und jedes Mal einen aufs Hinterteil verpasst bekommen, wenn sie lachen. Wo sind wir? Genau. Im japanischen Fernsehen. Schnitt. Eine junge Frau und ein Moderator mittleren Alters ziehen von Restaurant zu Restaurant. Die junge Frau stopft bei jedem Zwischenstopp Unmengen von Essen in sich hinein, sagt alle fünf Sekunden »*Metcha oishii!*« – »Sehr lecker!« – und der Moderator quittiert dies jedes Mal mit einem »Hmmmm!« oder einem »*Sugoi!*« (»Erstaunlich!«). Zappen wir weiter. Ah, das private Fernsehen zeigt Tausende Menschen bei einer Demonstration gegen diverse Pläne der japanischen Regierung. NHK, das staatliche Fernsehen, zeigt auch Nachrichten von einer Demo: jedoch nur mit Hunderten Menschen, in Hongkong.

Japanisches Fernsehen treibt nahezu alle außerhalb Japans lebenden Ausländer in den Wahnsinn. Man fragt sich, was das alles soll und ob sich das überhaupt irgendjemand ansieht. Im japanischen Fernsehen dreht sich alles entweder ums Essen, um irgendeinen japanischen Sportler, der am Ende doch verliert, um kruden, kaum nachvollziehbaren Humor, dessen einziger Sinn es zu sein scheint, das »Opfer« mal richtig zu demütigen – oder um sogenannte *talento*. Das Wort stammt, man ahnt es, vom Wort Talent ab und bezeichnet in Japan B- bis Z-Promis jeglicher Couleur. Diese »Talente« zeichnen sich oftmals dadurch aus, dass ihnen ebenjenes völlig fehlt. Das ganze Talent-Gewerbe ist dabei größtenteils mit sich selbst beschäftigt: Es gibt unzählige Shows, in denen Talente mit Talenten reden oder herumalbern. Die vermeintlichen Promis repräsentieren dabei immer ein ganz gewisses Schema, aus dem sie eigentlich nie herauskommen: So gibt es zum Beispiel die Kategorie der »hässlichen Talente«, die entsprechend tagein, tagaus damit beschäftigt sind, vor der Kamera ihre eigene Hässlichkeit so richtig nach außen zu kehren. Fakt ist: Diese Selbstbeschäftigung der großen Fernsehfamilie kann seichter nicht sein.

Mitunter ist man als westlicher Beobachter auch recht überrascht und fragt sich, wer eigentlich im japanischen Fernsehen die Grenzen zieht, wenn es um Humor geht. Als Beispiel soll eine Lichtgestalt namens Razor Ramon dienen. Der war ein ganz normaler Komiker und Ex-Wrestler, der plötzlich unter den Namen Hard Gay seine Runden im japanischen Fernsehen drehte: in schwarzer, eng anliegender Latexkleidung, extrem kurzen Hosen, mit Ketten behängt und als die exakte Verkörperung dessen, was man sich dank der guten Bildung aus dem Fernsehen eben als *Hard Gay* vorstellt. Razor Ramons Alter Ego war meistens damit beschäftigt, seine Hüften anzüglich kreisen zu lassen und dabei »*Fufuuu!*« (was auf Japanisch nichts bedeutet) und Ähnliches zu rufen. Das geschah nicht etwa nur spätabends, sondern auch gelegentlich bei Aufnahmen mit echten (!) Kindern am Nachmittag auf einem Spielplatz. Und siehe da: Razor Ramon alias Hard Gay kam richtig gut an bei Kindern! Ob Razor Ramon mit dieser Rolle den Homosexuellen, die sich in Japan nach wie vor aus gesellschaftlichen Gründen eher verstecken als outen, einen echten Gefallen getan hat, sei dahingestellt. Es war wohl eher ein Bärendienst. Und irgendwann verschwand die Figur ganz plötzlich von der Bildfläche. Übrigens: Hard Gay ist im realen Leben mit einem Ex-Model verheiratet und hat zwei Kinder.

Wer zum Star wird und wer vom Himmel fällt, wird gelegentlich direkt oder indirekt von den Yakuza entschieden. Fällt jemand bei gewissen Leuten durch, ist er ruckzuck aus dem Fernsehen verschwunden. Häufigste Form des Verschwindenlassens: ein kleiner, schmutziger und natürlich anonymer Brief an dubiose Zeitschriften. Drogen machen sich da ganz besonders gut, denn die werden selten verziehen in einem Land, in dem auch Marihuana als harte Droge gilt. Andererseits sind die Yakuza nicht nur die Akteure, sondern auch der Grund, dass Prominente ihre Karriere in den Sand setzen: nämlich dann, wenn ihnen eine Verbindung zu den Kriminellen nachgewiesen werden kann (wer auch immer dazu den Tipp gibt).

Wer im japanischen Fernsehen nach Spielfilmen oder ernsthaften Talkshows sucht, hat Pech gehabt – beides fehlt im Programm. Stattdessen kann man sich, neben eingangs erwähnten Sendungen, an Animes und japanischen Dramen (sprich: Seifenopern und anderen Serien) sattsehen. Bei den Seifenopern gilt natürlich wie andernorts auch: Entweder man liebt das Genre oder man hasst es.

Gut zu wissen

Nahezu alle, die im japanischen Fernsehen auftauchen, gehören zu einem *jimusho* – zu einer Agentur, und die sind in Japan nicht zimperlich. Die Agenturen entscheiden, bei welchen Shows man mitmachen darf oder muss, und wenn das Thema der Show »merkwürdige Esswaren« – ein Dauerbrenner in Japan – ist, dann muss man eben noch zuckende Oktopustentakel essen oder kleine Fische lebend trinken. So ist das nun mal. Auch das Privatleben der meisten Darsteller wird ganz genau vorgegeben. Wer sich nicht an die Regeln hält, ist sofort raus aus dem Geschäft. Hinzu kommt, dass japanische Produktionsfirmen und Agenturen nichts dem Zufall überlassen. Was oftmals spontan und komisch wirkt, ist in fast allen Fällen *yarase* – inszeniert.

36

MANCHE JAPANER WOLLEN NUR DAS BESTE VON EINEM: DAS GELD

Abzocke

Wenn sich die Bewohner eines Landes wie Japan mit seiner sensationell guten Verbrechensstatistik in Sicherheit wiegen, öffnet das Tür und Tor für alle möglichen Formen von Lug und Betrug. Die Gefahr, abgezockt zu werden, verbirgt sich dabei in ganz alltäglichen, banalen Dingen.

Japanische Touristen gelten in vielen Ländern als fette Beute. Das hat verschiedene Gründe: Viele von ihnen sind verhältnismäßig gut betucht, sie sprechen nur leidlich Fremdsprachen und meiden sowieso lieber offene Konfrontationen – und sie sind es von zu Hause beispielsweise gewohnt, dass man auch mal die Kamera oder das Portemonnaie liegen lassen kann, ohne dass etwas passiert. Kleinkriminalität wie Taschendiebstahl ist zudem eher exotisch in Japan, ebenso muss man bei Kellnern oder Taxifahrern kaum befürchten, dass sie ihre zugereiste Kundschaft nach Strich und Faden ausnehmen. Will sagen: Japaner rechnen bei ihren Auslandsreisen einfach nicht damit, dass sie sich oft in tückischen Situationen befinden. Damit sind sie außerhalb Japans ein dankbares Ziel von Taschendieben und dreisten Angestellten.

Doch auch im eigenen Land wird nicht wenigen Japanern ihre Gutgläubigkeit beziehungsweise Unerfahrenheit zum Verhängnis. Die Tricks, denen sie zum Opfer fallen, sind dabei nicht unbedingt eine japanische Erfindung. Seit Jahren erfreut sich zum Beispiel die *Oreore*-Masche größter Beliebtheit. Dabei ruft der Schurke wahllos Leute an – am liebsten natürlich alte Menschen, und davon hat Japan ja weiß Gott genug, und sagt so lange »*Ore da yo, ore!*« (»Ich bin's doch, ich!«), bis der ahnungslose Angerufene fragend den Namen eines Familienmitgliedes nennt. Danach müssen fiktive Unfälle, irgendwelche dubiosen Aktiengeschäfte und dergleichen dafür herhalten, um die sofortige Überweisung einer gar erstaunlichen Summe zu bewirken. Und wie die Masche Erfolg hat! Da es so viele alte Menschen gibt und viele japanische Familien über das ganze Land verstreut leben, helfen noch so teure Aufklärungskampagnen von Banken und der Polizei offensichtlich nicht, den Erfolg der Schurken zu schmälern. Der Schaden wurde allein für 2014 auf fast eine halbe Milliarde Euro geschätzt, wobei es hier eine Dunkelziffer geben dürfte.

Aber …

Japan ist tatsächlich ein sicheres Land: Es gibt, gemessen an der Bevölkerungszahl, weniger Morde als in den meisten anderen Ländern, und von Banküberfällen und dergleichen hört man ebenso recht wenig. Zudem existieren weder Vandalismus noch die Formen von Kleinkriminalität, an die man in anderen Ländern zumindest in Großstädten gewohnt ist: Graffiti, allgemeine Sachbeschädigung und Diebstähle, mutwillig zerstörte öffentliche Einrichtungen wie Toiletten oder Bushaltestellen, zerkratzte und besprühte Fenster in Bussen und Bahnen – das alles sieht man so gut wie nie.

Das Internet ist natürlich auch in Japan ein Tummelplatz für viele Spielarten von Abzocke. Sehr beliebt und durchaus mit einem gewissen Aufwand verbunden ist die Masche, sich mit jemandem über das Internet zu verabreden, sich dann Fotos mit mehr oder weniger eindeutigen Posen schicken zu lassen und schließlich als *grande finale* mit der Veröffentlichung zu drohen. Aber auch das ist kein rein japanisches Phänomen. Im Ausland allerdings eher ungewöhnlich ist der überhöhte *table charge*. In Italien als *coperto* (oft mit »Gedeck« übersetzt) bekannt, war es auch in Japan lange Zeit üblich, eine solche Gebühr zu verlangen. Diese wird quasi mit dem Betreten des Etablissements fällig und findet sich später auf der Rechnung wieder. Wie hoch sie ist, hängt vom Lokal ab – und manchmal bleibt das bis zum Schluss ein Geheimnis. Der Trend bei den *izakaya* genannten Restaurantkneipen geht mittlerweile in eine andere Richtung: Es wird automatisch *otōshi*, ein kleiner Appetithappen, serviert – und später meistens auch bezahlt, ob man will oder nicht. Bei Bars und reinen Kneipen ist Vorsicht geboten. Das betrifft in erster Linie sogenannte *kyabakura* (kurz für *Cabaret Club,* wobei dies natürlich nichts mit Kabarett zu tun hat). Deren Geschäftsmodell ist recht interessant: Sobald man dort aufkreuzt, bekommt man schnell Gesellschaft – von mal mehr, mal weniger hübschen Frauen oder im Falle von Bars für Frauen von blutjungen schnieken Männern. Denen bezahlt man für ihre Gesellschaft direkt kein Geld, aber man wird mitunter recht aufdringlich dazu ermuntert, den Gastgebern Getränke zu kaufen. Zudem bezahlt man auch noch eine Gebühr pro Stunde. Das Getränk muss dabei nicht immer Alkohol sein, aber ein Glas kalter Tee kann schnell mal über 50 Euro kosten, sodass man völlig problemlos in nur zwei Stunden über 200 Euro los wird, ohne auch nur beschwipst zu sein.

Die Willkür der Restaurant- und Barbetreiber sorgt immer wieder für Überraschungen: Es gibt viele Sushi-Restaurants, aber auch andere Lokale der gehobenen Klasse, in denen auf der Karte keine Preise ausgewiesen sind. Da sich zum Beispiel die Preise für frischen Fisch täglich stark ändern, wird letztendlich nach Lust und Laune abgerechnet. Gefällt dem Koch also ein Gast nicht, kann es ziemlich teuer werden. Wenn man nett und gern gesehen ist, greift der umgekehrte Fall.

Harte Fakten

Machen wir einen kurzen Ausflug in die Welt der »echten« Verbrechen, denn auch in diesen Statistiken schneidet Japan übermäßig gut ab: Während in Russland von 100.000 Menschen angeblich 12 und in den USA gut 5 ermordet werden, sind es in Japan gerade mal 0,35 – ein himmelweiter Unterschied. Es gibt allerdings eine nicht näher bekannte Dunkelziffer: Nicht selten tauchen Mordopfer einfach so auf, ohne jemals als vermisst gemeldet worden zu sein. Diese Gewaltverbrechen fallen erst dann in die Statistik, wenn die Leiche zufällig gefunden wird. Außerdem gibt es Indizien dafür, dass die Verbrechensstatistiken geschönt sind. So existiert schon seit Langem der Vorwurf, dass die Polizei Morde nur als solche deklariert, wenn es eine heiße Spur zum Täter gibt. Alles andere wird zum Selbstmord erklärt. Es gibt zudem viele Sexualdelikte, doch auch diese tauchen nicht unbedingt in den Statistiken auf.

37

JAPANER HABEN EIN FAIBLE FÜR GEBORGTES GELD

Schulden

Viele Ausländer sind erstaunt über den Wohlstand der Japaner und des ganzen Landes – dabei ist der Reichtum gar nicht echt. Vieles ist nur geliehen.

Wer vom Alter her noch kein gediegen reisender Tourist ist und länger als ein paar Wochen in Japan bleiben möchte, entscheidet sich zumeist für einen Aufenthalt in einem sogenannten *gaijin house* – einem »Ausländerhaus«, in dem man Zimmer wochen- und monatsweise anmieten kann. Davon machte auch ich gern während meiner Studentenjahre Gebrauch. Die Einrichtung lag sehr zentral, aber ruhig am Ende einer Sackgasse, und der japanische Besitzer war sehr aufgeschlossen. Die Ruhe war jedoch eines Tages gestört, als plötzlich eine Gruppe junger Männer in schwarzen Anzügen nachts vor der Tür stand und im Chor zu singen begann: »*Okane ka-e-se Okane ka-e-e-se!*« Übersetzt: »Gib das Geld zurück! Gib das Geld zurü-hück!« Der Hausherr war einen Augenblick wie versteinert, lief dann aber doch nach draußen, um mit dem unwillkommenen Chor zu verhandeln. Der zog letztendlich zufrieden von dannen, denn die Männer hatten erreicht, was sie wollten: Sie bekamen einen Teil des Geldes und eine feste Zusage für den Rest.

Diese Zeiten sind mittlerweile vorbei. In einem Land, in dem der Gesichtsverlust eine von allen gefürchtete Sache ist, hat das Auftauchen solcher Herren vor den Privatwohnungen der Schuldner dazu geführt, dass sich nicht wenige Menschen daraufhin das Leben nahmen. Und nicht nur das: Hatten die Schuldner Kinder, waren auch diese derart stigmatisiert, dass den Betroffenen eigentlich nur der Wegzug aus der Gegend blieb. Dass die Schulden dabei hinterherzogen, dürfte klar sein, und da ein Umzug in Japan noch teurer ist als in den meisten anderen Ländern, befanden sich viele Schuldner in der Sackgasse.

Methoden wie die mit dem Chor klingen nach Mafia und Schwarzmarkt, doch alles war ganz legal. Auch im offiziellen Bereich gab es abstruse Auswüchse: Bis in die 1990er-Jahre hinein durften die Bankenableger, die Geld verliehen, bis zu 30 % Zinsen verlangen. Das ist vor allem dann enorm, wenn man bedenkt, dass sich Japan viele Jahre lang in der Deflation befand. Man bekam für sein Erspartes also so gut wie gar keine Zinsen, sollte dann aber 30 % Zinsen für Geliehenes bezahlen. Irgendwann beschloss die Regierung, Männerchöre zu verbieten, und drosselte den Zinssatz auf immer noch horrende 18 %. Trotzdem verdienen sich die Geldverleiher – egal ob mit 30 % oder mit 18 % – eine goldene Nase, was gut an der von ihnen betriebenen Werbung sichtbar wird. Nicht selten bewirbt die Hälfte der Werbespots im Fernsehen eines: Wie schön doch das Leben sein kann, wenn man sich ein klitzekleines bisschen Geld leiht.

Doch woher kommt diese Affinität der Japaner zum Schuldenmachen? Der Staat geht bei diesem Thema als leuchtendes Beispiel voran. Die Staatsschulden betragen mehr als 200 % des Bruttoinlandsproduktes, und von Amts wegen dürfte das Land eigentlich von nirgendwo mehr Geld geborgt gekommen. Glücklicherweise hat sich der Staat jedoch einen großen Teil des Geldes von den eigenen Lakaien geborgt, und die scheinen nicht allzu sehr beunruhigt zu sein. Das Schuldenmachen wird zudem von den Banken begünstigt: Die anderswo so typischen Dispokredite gibt es so gut wie gar nicht – die Banken haben diese Verantwortung fein auf Unterfirmen verteilt, die ihren Reibach mit den großen und kleinen Kreditbedürfnissen der Japaner machen. Ein weiterer Grund ist schließlich auch das recht grobmaschig gestrickte soziale Netz. Wer nicht Teil einer wohlhabenden und – auch wichtig – großzügigen Familie ist, hat nach ein paar wenigen Wochen Krankheit mit Krankenhausaufenthalt ein ordentliches Problem, denn trotz obligatorischer Krankenkasse ist der Selbstanteil hoch genug, um die meisten schnell in den Ruin zu treiben.

Schlussendlich wären da auch Spielschulden. Klar, Glücksspiel ist in Japan eigentlich verboten, aber in der Praxis braucht man nicht lange nach einem *Pachinko*-Laden oder einem *Mahjongg*-Salon zu suchen. Auch dort kann man nach Lust und Laune sein mühsam Erspartes verbraten. Auch das Feiern mit Kollegen, inklusive Touren durch Etablissements wie »Seifenländer« und Cabaret Clubs kann ordentlich ins Geld gehen. Aber praktischerweise gibt es ja dafür in fast jedem Vergnügungsviertel ein sogenanntes *Sarakin*-Haus: Dort konzentrieren sich die Geldverleiher in einem Gebäude. Das hat seinen guten Grund, denn die meisten Immobilienhändler scheuen sich davor, an Geldverleiher zu vermieten – egal wie bekannt die Einrichtung aus Funk und Fernsehen ist.

Doch während Männerchöre heutzutage verboten sind, wissen die Firmen natürlich trotzdem, wie sie an ihr Geld kommen. Das beginnt mit Briefen, gefolgt von Anrufen – und das Japanisch, das da am Telefon benutzt wird, ist nichts für Zartbesaitete. Beim Geld hört auch in Japan jeglicher Anstand auf.

Harte Fakten

Japan erlebte seine fetten Jahre in den 1960er- bis 1980er-Jahren, doch seitdem ging es kaum noch bergauf, sondern eher bergab. Besonders die 1980er bleiben vielen Japanern in Erinnerung. Eine gigantische Immobilienblase, passend *babburu* genannt (vom englischen Wort *bubble* – Blase), bescherte dem Land ungeahnte Wachstumsraten. Diese Phase gilt heute als legendäre Zeit des Überflusses. Doch die Blase ist zerplatzt, und die Eckpfeiler der japanischen Gesellschaft wie lebenslange Beschäftigungsgarantien, großzügige Boni und Abfindungen haben schon vor langer Zeit begonnen, zu bröckeln. Stattdessen bewegen sich mehr und mehr Japaner in Richtung Armut, und in unzähligen Fällen kann die nur dadurch vermieden werden, indem man am Speck des in den 1980er-Jahren geschaffenen Überflusses nagt. Der ist jedoch auch nicht unerschöpflich: Der Anteil der Japaner, die unter der Armutsgrenze leben, kletterte seit 1985 langsam, aber stetig von 12 % auf 16 %, und im Jahr 2015 war bereits jedes sechste Kind in Japan von Armut betroffen. Schlimm sieht es auch bei den Ersparnissen aus: Während man im Jahr 2000 im Schnitt noch 7 % des frei verfügbaren Einkommens auf die hohe Kante legen konnte, sank dieser Wert bis 2014 auf minus 0,5 %. Das bedeutet, dass man bereits an das Ersparte gehen muss, um den Lebensstandard zu wahren. Interessant ist dabei trotzdem, dass Japan und seine Bewohner, selbst nach vielen Jahren eher mickrigen Wachstums, verhältnismäßig wohlhabend sind. Seit ein paar Jahrzehnten zählen sich erstaunliche 90 % der Japaner zur Mittelschicht. Es wäre jedoch nicht verwunderlich, wenn sich diese Zahl in den nächsten Jahren stark nach unten bewegt.

38

Bei der Wahl des richtigen Schriftzeichens liegen viele Japaner oft daneben

Textverarbeitung

Die japanische Schrift ist berühmt-berüchtigt, und das zu Recht: Hier werden drei verschiedene Alphabete mit weit über 2.000 chinesischen Schriftzeichen gemischt. Man sollte meinen, dass der Computer den Japanern das Leben dabei erleichtert. Doch das ist leider nicht so.

Das ganze Dokument las sich sehr vernünftig – die Ideen waren großartig, und man spürte, dass sich jemand ernsthaft Mühe gemacht hatte mit der Präsentation seiner Geschäftsidee. Wäre da nicht dieser eine Satz gewesen: »Jener ist ein Krokodil, dem man ebenfalls unseren Service anbieten könnte.« Zählen jetzt auch Krokodile zu unserer Zielgruppe? Zum Glück nicht. Doch so stand es da: *aitegawani. Aite* (»Gegenüber«, »andere Person«) war mit chinesischen Schriftzeichen, *kanji* genannt, geschrieben – ebenso *wani,* das Krokodil. Lediglich für das *ga* war eines der beiden japanischen Alphabete, *kana* genannt, benutzt worden; das deutete an, dass »jener« das Subjekt im Satz ist. Nach kurzem Nachdenken wurde schließlich klar, was der Schreiber, nun in seinem Ansehen erheblich angekratzt, meinte. Und zwar nicht *aite-ga-wani,* sondern *aitegawa* ni – hier wird *aitegawa* mit *kanji* geschrieben und *ni* mit *kana.* Und das bedeutet »der anderen Seite« oder »dem Gegenüber«. Hier hatte dem Verfasser schlicht der Computer einen Strich durch die Rechnung gemacht. Allerdings hätte ihm das – erst recht bei der enormen Bedeutung seines Schriftstückes – auffallen müssen.

Viele Menschen, die mit chinesischen Schriftzeichen nicht viel zu tun haben, glauben, dass das Schreiben schwer sein muss und wahrscheinlich lang dauert. Doch das stimmt nicht. Sicher, zahlreiche Schriftzeichen bestehen aus 20 und mehr Strichen – aber so ein Schriftzeichen steht nicht selten für ein ganzes Wort. Außerdem schreibt kaum jemand wie gedruckt – es gibt zahlreiche Abkürzungen. Dementsprechend ist nicht selten das Gegenteil der Fall: Viele Inhalte lassen sich schneller im Japanischen (und erst recht im Chinesischen) wiedergeben als in Sprachen, die das lateinische Alphabet benutzen. Oder, um es anders auszudrücken: Während man in europäischen Sprachen schon gut überlegen muss, wie man Inhalte formuliert, um sie in handlichen 140-Zeichen-Twitter-Nachrichten zu verbreiten, kann man im Japanischen und Chinesischen beinahe halbe Romane verfassen. Obwohl es immer wieder Vorschläge in diese Richtung gibt, werden die chinesischen Schriftzeichen in Japan wohl auch auf absehbare Zeit nicht abgeschafft – anders als in Korea, wo man mittlerweile im Alltagsgebrauch nur noch Personennamen in chinesischen Zeichen schreibt.

Doch wie kommen die Zeichen in und aus dem Computer? Eine Tastatur mit mehr als 2.000 Tasten wäre da etwas klobig. Das Problem hat man mittels eines sogenannten IME, kurz für *Input Method Editor,* gelöst. Die meisten Japaner schreiben dabei entweder mit lateinischen Buchstaben, geben also »s-u-s-h-i« ein, oder sie benutzen eine *Kana*-Tastatur, in der sie dann einfach nur »su-shi« eintippen – denn Japanisch ist eine Silbensprache, und (fast) alle *kana* stellen Silben dar. Den Rest muss nun der IME erledigen: Kurz auf die Leertaste drücken, und schon schlägt der Computer vor, welches Schriftzeichen dafür infrage kommt. Doch genau hier liegt der Hund begraben, denn weder chinesische noch japanische Sätze kennen Leerzeichen – alles wird als großer Block geschrieben. Kommas gibt es zwar, aber die sind noch ziemlich neu. Da Japanisch wie gesagt eine Silbensprache ist, und die Anzahl der Silben im Vergleich mit anderen Sprachen stark begrenzt ist, gibt es unendlich viele Homonyme – also Worte, die mehrere Bedeutungen haben. Wer zum Beispiel *ka* eingibt, weil er über eine Mücke schreiben möchte, bekommt gleich mehrere Hundert Schriftzeichen angeboten, die allesamt *ka* gelesen werden können. Erst wenn man *kanisasareta* eingibt (»von einer Mücke gestochen«), läuft der IME zur Höchstform auf und vermutet, dass »Mücke« und »stechen« zusammen einen Sinn ergeben und bietet so als Erstes diese Lösung an. Das war nicht immer so: Aufgrund unzureichender Datenbanken und zu schwacher Rechenleistung waren die IME in den 1990er-Jahren noch voller Fehler und boten häufig nur Blödsinn an. Heutige IME sind zwar nicht perfekt, aber ein Stück weit cleverer als früher und beinhalten sogar Wörterbücher, die bei der Entscheidung, welches Zeichen zu wählen ist, helfen können.

So weit, so gut. Leider muss man jedoch feststellen, dass viele Japaner schlampig beim Schreiben mit dem Computer sind und oft die falschen Zeichen auswählen. Doch während der eine oder andere Rechtschreibfehler beispielsweise im Englischen maximal für einen Schmunzler sorgt, bedeutet ein falsches Schriftzeichen im Japanischen ganz einfach mal ein ganz anderes Wort, das entsprechend den Sinn des Satzes völlig entstellen kann. Und so kann man dann drei Mal raten, wieso in Teufels Namen man einem Krokodil etwas unterjubeln soll. Zwar werden die IME mit dem Fortschritt der Computer immer besser, doch die universale Regel, dass es dienlich sein kann, beim Schreiben mitzudenken, gilt trotz alledem.

Gut zu wissen

Der weltweite Trend, statt Briefen E-Mails zu schreiben und überhaupt alles an Computern oder mobilen Geräten einzugeben, bleibt auch in Japan nicht folgenlos. Während die meisten Japaner bis vor 20, 30 Jahren noch problemlos über 1.000 Schriftzeichen schreiben (und noch viel, viel mehr lesen) konnten, sind viele Menschen heutzutage mit dem Verfassen eines handschriftlichen Briefes ohne jegliche elektronische Hilfsmittel hoffnungslos überfordert. Denn so praktisch Schriftzeichen auch sind – man vergisst sie dann doch wesentlich schneller als knapp 30 Buchstaben.

39

JAPANISCHE FRAUEN BRAUCHEN KEINE GLEICHBERECHTIGUNG

Rollenvorstellungen

Aus welchen Gründen auch immer hält sich in den Köpfen vieler Menschen das Bild von der devoten, leisen und zierlichen Japanerin. Wenn möglich natürlich im Kimono. Nach diesem Typ Frau muss man allerdings lange suchen.

Damals, während der Unizeit, als Studenten noch ordentlich zu feiern wussten, geschah es. Es war Wochenende, und im Wohnheim war eine Party geplant – eingeladen wurden wie immer alle Dagebliebenen, naturgemäß waren das mehr Ausländer als Einheimische. Auf dem Weg zum Bierkasten sprachen mich plötzlich drei kleine asiatische Frauen an. In brüchigem Deutsch wurde ich zuerst nach dem Namen gefragt. Dann hieß es: »Wo wohnst du?« Gefolgt von: »Können wir dich mal besuchen kommen?« Ich war perplex. Das waren doch Japanerinnen – haben die nicht scheu zu sein? Offensichtlich nicht. Am nächsten Abend stand eine kleine Abordnung – mit vollen Töpfen und ein paar Getränken – vor meiner Zimmertür. Und das passierte in den nächsten Monaten fast jeden Abend.

Meine Vorstellung davon, wie Japanerinnen sind, war damit völlig ruiniert. Auf angenehme Art und Weise. Dachte ich zumindest. Was mir allerdings damals vor allem auffiel, war die Tatsache, dass Japanerinnen scheinbar unglaublich gern essen, dafür allerdings ziemlich schlecht kochen. Und das nicht wenige der Studentinnen den Vorsatz hatten, sich während des Studiums einen ausländischen Freund anzulachen. Einige taten das mehr, andere weniger erfolgreich. Wenn die Männer dann auch noch selbst kochten, war das bei den Japanerinnen eine Sensation. Auch sonst schienen ganz klare Geschlechterrollen in den Genen vorprogrammiert zu sein. Und so schockierte mich die Antwort auf die Frage, was die Studentinnen denn später werden wollten, nur die ersten paar Male: Hausfrau. Ah ja.

Gut zu wissen

Das in Japan ideale Bild einer Ehefrau – genannt *yamato nadeshiko* – existiert noch immer, auch wenn die Frauen innerhalb der klassischen Familienkonstrukte heute eine andere – vor allem über die Kaufkraft definierte – Rolle einnehmen. Das Idealbild besagt unter anderem, dass die Frau ihrem Ehemann treu ergeben sein soll und im Hintergrund, unscheinbar und scheu, der Familie dienlich ist. Glaubt man den Frauen, sind 90 % aller Japanerinnen so. Glaubt man den Männern, sind es weniger als 1 %.

Leicht wird es Frauen in Japan nicht gemacht. Sie bekommen wesentlich schlechtere Gehälter, und in unzähligen Firmen wird bei der Einstellung von Frauen damit gerechnet, dass sie nur bis zur Hochzeit in der Firma bleiben und danach Haus und Herd hüten. Damit sind die Aufstiegschancen von vornherein arg geschmälert. Hinzu kommt der gesellschaftliche Druck: Unverheiratete Frauen jenseits der 25 werden gern als *christmas cake* bezeichnet – quasi genauso beliebt wie eine Weihnachtstorte nach Weihnachten. Doch wo sollen die Frauen ihre Männer finden? Und wie passen die romantischen Vorstellungen mit dem Verhalten japanischer Männer zusammen? Bei denen ist es verpönt, Gefühle zu zeigen, und der Großteil der Männer fällt in zwei Kategorien: Kategorie 1 will nur spielen, Kategorie 2 sucht letztendlich nur einen Ersatz für Mama. Kavaliere, die ihre Angebetete auf Rosen betten? Männer, die einer Frau die Tür öffnen oder gar einen Platz anbieten? Eine Seltenheit. Außerdem wissen die Frauen, was ihnen blüht, wenn sie einmal verheiratet sind: Der Mann kommt jeden Tag sehr spät nach Hause, nicht selten betrunken, und die Frau ist lediglich Haushälterin und Kinderhüterin. Kein Wunder also, dass einige Japanerinnen nach Alternativen im Ausland suchen.

Scheinbar haben sich die Japanerinnen jedoch gut mit der klassischen japanischen Mann-Frau-Konstellation abgefunden und sich darin ihre Rolle erkämpft. Japanische Frauen verwalten oft das Geld im Haushalt und gelten deshalb als kaufkräftigste Zielgruppe. Das wissen die Marketingfritzen natürlich, und somit ist fast jede Werbung auf den weiblichen Geschmack getrimmt. Dieser wird passenderweise schon vorgegeben: Die moderne Japanerin hat möglichst weiße Haut und große Augen. Und schlank ist sie natürlich, aber das versteht sich ja von selbst. Und so läuft jede zweite Japanerin beim Anflug eines Sonnenstrahls mit Sonnenschirm und gern auch vollverkleidet durch die Gegend. An sonnigen Sommertagen möchte man in besonders feinen Gegenden meinen, man befindet sich in Saudi-Arabien. Wer wissen möchte, welche Hautfarbe die meisten Japanerinnen eigentlich haben, braucht sich nur eine Gruppe Grundschülerinnen im Sommer ansehen: Man sieht nur dunkel. Und das ist eben nicht chic.

Männer sollten sich vor japanischen Frauen grundsätzlich in Acht nehmen. Da die japanischen Religionen diesbezüglich kaum Konventionen vorgeben, geht eine Japanerin auf ihre potenzielle Beute sehr direkt und zielstrebig zu. Ob sie nur spielen will oder nicht, erfahren die meisten jedoch erst, wenn es zu spät ist. Deswegen lohnt es sich auf jeden Fall, zuerst in Erfahrung zu bringen, mit welchen Vorstellungen Japanerinnen eine Beziehung eingehen. Abweichungen davon können nämlich schnell zu Ärger führen, aber das ist ja bei multikulturellen Liebesbeziehungen generell der Fall. Und bei einer Sache sollte sich kein Mann Illusionen machen: Viele japanische Frauen sind stark. Sehr stark.

Gut zu wissen

Die Scheidungsrate zwischen japanischen Frauen und ausländischen Partnern ist mit circa 70 % in etwa doppelt so hoch wie die zwischen japanischen Pärchen, und das hat verschiedene Gründe. So gibt es zum Beispiel westliche Ehepartner, die sich nicht damit abfinden können, dass sie nach der Geburt des ersten Kindes nur noch die zweite Geige spielen: In Japan schlafen Eltern mit ihren Kindern im gleichen Raum – und zwar in der Regel in den ersten fünf, sechs oder noch mehr Jahren. Andere können sich zu guter Letzt nicht über das Land einigen, in dem sie leben wollen. Viele Japanerinnen zieht es nach ein paar Jahren in der Ferne plötzlich wieder zurück in die Heimat, und das kann problematisch sein, wenn der Partner kein Japanisch kann und fest mit beiden Beinen im eigenen Berufsleben steht.

40

Japanische Küche kann mitunter eine echte Herausforderung sein

Hausmannskost

Die japanische Küche hat in den letzten Jahren einen globalen Siegeszug angetreten – es gibt kaum noch ein Land außerhalb der Dritten Welt, in dem nicht irgendjemand Sushi und Ähnliches vertickt. Die wahre japanische Küche kennen indes nur die wenigsten – und bei so manchen Gerichten ist das auch gut so.

Meine erste Begegnung mit japanischem Essen war denkwürdig. Jemand hatte eine Tüte mit faserigen, zerrissenen Fischschnipseln als Souvenir aus Japan mitgebracht. Und das Ganze roch und schmeckte so, wie es sich anhört. Bis zur nächsten Begegnung sollten ein paar Jahre vergehen. Dann standen plötzlich ein paar Japaner mit selbst gekochtem japanischem Essen vor meiner Wohnheimtür und begehrten Einlass. Es gab eine Art Eintopf mit viel Kartoffeln, Rindfleisch und Möhren. Das einzig Exotische daran war ein Spritzer Sojasauce und die

Tatsache, dass Zucker mit im Spiel gewesen sein muss, denn es schmeckte eindeutig süßlich. Das soll japanisches Essen sein? Da kann ich ja gleich beim deutschen Eintopf bleiben, der schmeckt wenigstens nicht so süß!

Dieses Gericht, *nikujaga* genannt, war dabei keinesfalls ein Notersatz für nicht in Deutschland erhältliche Lebensmittel. Das Gericht ist vielmehr ein klassisches Beispiel für *katei ryōri* – die solide japanische Hausmannskost. Und die ist sehr fisch- und gemüselastig, wobei der Fisch selten roh, sondern gegrillt auf den Tisch kommt. Das ist so gängig, dass jede japanische Küche zwar keinen Ofen, dafür aber einen kleinen Fischgrill hat. Dazu gibt es – wenig überraschend – entweder Reis oder Reis. Manchmal gern auch Reis. Und Suppe. In den meisten Fällen die berühmte Miso-Suppe. Deren Verzehr ist tief verankert in der Gesellschaft – ein zugegebenermaßen mittlerweile veralteter, früher aber sehr beliebter Heiratsantrag kulminierte in der Frage »Willst du für immer meine Miso-Suppe kochen?«. Wie romantisch.

Wer noch mehr Archetypisches probieren möchte, sollte ein Gericht namens *noppe* kosten: einen Eintopf aus Taro-Wurzeln, Hühnerfleisch, Mohrrüben, Okraschoten und einigem mehr. Das ist wahre japanische Küche – aber sicherlich nicht jedermanns Sache. Das liegt unter anderem daran, dass sowohl Taro-Kartoffeln als auch Okraschoten ein schleimiges Gefühl im Mund hinterlassen. Diese im Japanischen *nebaneba* genannte Konsistenz ist in Japan äußerst populär, aber wer dieses Mundgefühl nicht von Kindesbeinen an kennt, hat damit nicht selten ein kleines Problem.

Viele Gerichte und Zutaten, die in Japan verwendet werden, kommen ursprünglich gar nicht von hier. Ramen und Gyoza aus China, Curry aus Indien, Tempura aus Portugal,

Pasta aus Italien und, und, und. Man liebt es in Japan, importierte Gerichte nach eigenem Gusto zu verändern. Das muss nicht immer gut sein, aber in der Regel ist das Ergebnis sehr gelungen: Wer als Japan-Besucher verpasst hat, japanische Pasta zu essen oder auch ein gutes Curry, hat wesentliche Grundpfeiler der japanischen Küche versäumt. Leider hat man aber auch in Japan die Marotte angenommen, Länder auf eine einzige Zutat zu reduzieren: *German Pizza* zum Beispiel sieht man relativ häufig, und die zeichnet sich dadurch aus, mit Kartoffeln belegt zu sein. Ist klar.

Und damit wären wir nun also bei den Lebensmitteln angekommen, die vielleicht besser keine wären: In Japan hat man die Angewohnheit, Sachen zu essen, die anderswo in der Erde gelassen oder wieder zurück ins Meer geworfen werden. Wer einmal eine Seegurke gesehen hat, kann sich nur schwer vorstellen, dass man so etwas wirklich essen kann. Beziehungsweise fragt man sich ernsthaft, wer als Erstes auf die Idee kam, diese verwarzten, weichen, schleimigen Meeresbewohner zu essen. Und die Liste ist lang: Seescheide, Tintenfischinnereien, Hühnerknorpel, Klettenwurzeln (die isst man weltweit wirklich nur noch in Japan), Teufelszungenwurzeln und so weiter und so fort. Alles wartet darauf, mindestens einmal probiert zu werden – aber etliche dieser Sachen sind ein klarer Fall für hartgesottene Gourmets.

Gut zu wissen

Während in der chinesischen Küche neben dem Geschmack auch der Geruch entscheidend ist, hat sich die japanische Küche ganz auf die Präsentation der Speisen verlegt. Perfektioniert hat man das in der gehobenen Küche – *kaiseki ryōri* genannt – sowie beim Neujahrsschmaus, dem *osechi,* der eine besondere Stellung innerhalb der japanischen Küche einnimmt. Alles ist in Häppchengröße, und jedes noch so kleine Detail hat eine ganz bestimmte symbolische Bedeutung. Diese Bedeutung leitet sich von der Form, der Farbe oder manchmal einfach nur vom Namen der Speisen ab, und da wird es gelegentlich richtig poetisch. Ein Beispiel sind kleine, ganze Fische von der Größe eines Guppys, denn obwohl sie so klein sind, haben sie Kopf und Schwanz und erinnern daran, dass man auch die kleinen Dinge richtig machen und würdigen soll. Oder schwarze süß eingelegte Bohnen *(mame),* da das gleiche Wort auch »Aufrichtigkeit« oder »Ehrlichkeit« bedeutet. Auch Rogen *(kazu-no-ko)* gehört dazu, denn der besteht aus Tausenden Fischeiern und steht damit für den Nachwuchs. Über Neujahr ist es Tradition, drei Tage hintereinander nur *osechi, noppe,* Reis und Suppe mit einem großen Batzen Klebreis, *mochi* genannt, zu essen – in dieser Eintönigkeit ist das aber nur etwas für Japaner oder für Menschen mit bedingungsloser Liebe zu Japan.

41

VIELE JAPANER SCHLAGEN SICH NUR MIT ACH UND KRACH DURCH

Armut

Japan war jahrzehntelang die zweitgrößte Wirtschaftsmacht der Welt, bis es von China eingeholt wurde – wohlgemerkt mit einer zehnmal so hohen Einwohnerzahl wie Japan. Japaner waren also einmal richtig reich. Sie haben richtig gelesen: »waren«.

Das waren noch Zeiten – während des Wirtschaftswachstums und der großen Immobilienblase bis Ende der 1980er-Jahre! Die Männer gingen nach ihrem Schul- oder Uniabschluss auf Arbeitssuche, und sie hatten die freie Wahl. Es gab mehr Angebot bei Arbeitsplätzen als Nachfrage. Wer bei halbwegs großen Firmen landete, hatte Glück, denn dort garantierte man lebenslange Beschäftigung, gekrönt von einem satten Altersgeld und allen möglichen Versicherungen. Viele Firmen errichteten zudem Betriebswohnungen, in denen die Angestellten mit ihren Familien leben konnten. Die Miete war dabei so niedrig, dass man sie ruhig als symbolischen Betrag beschreiben kann. Ein Angestellter musste sich schon äußerst dumm anstellen, um vorfristig entlassen zu werden. Übrigens wurde und wird in Japan nicht entlassen, sondern man legt dem Angestellten durch mehr oder wenige feine Methoden ans Herz, dass es doch besser sei, selbst zu kündigen. Doch zurück zum Wirtschaftswunder: Die meisten Männer verdienten nach ein paar Jahren, auch das war mehr oder weniger garantiert, genügend Geld, um eine ganze Familie durchzubringen. Da höhere Positionen für Frauen sowieso nicht vorgesehen waren, blieben die meisten Frauen angesichts dieser Umstände gleich zu Hause und arbeiteten maximal in den paar Jahren zwischen Universitätsabschluss und Traumprinz (okay, meistens war es nicht der Prinz, sondern eher der Zweckgatte). Ältere Mitarbeiter, für die man im Unternehmen keine weitere Verwendung mehr hatte, funktionierte man zur *madogiwa-zoku* um – zu den »Fenstermenschen«, die bis zum planmäßigen Ausscheiden aus der Firma ihre Arbeitstage damit fristeten, aus dem Fenster zu schauen und gelegentlich das eine oder andere Papier abzustempeln. Dankbar, wie die Firma war, taten sie das mit einem ihrem Alter gerechten Titel auf der Visitenkarte.

Doch der Motor der Japan AG begann Anfang der 1990er-Jahre zu stottern. Die Firmen mussten anfangen, nachzurechnen, und merkten, dass sie einen riesigen Rattenschwanz an finanziellen Verpflichtungen gegenüber ihren Arbeitnehmern hinter sich herzogen. Doch es nahte Rettung. Zeitarbeit! Oder einfach befristete Verträge! Sollen doch die Menschen sehen, wie sie nach zwei Jahren weiterwursteln! So kann man sich die teure Sozialversicherung sparen. Ach so, nein, eigentlich nicht, denn Firmen müssen auch für Zeit- und Leiharbeiter zahlen. Eigentlich. Komisch nur, dass trotz dieser Pflicht bei

Stellenanzeigen immer der Vermerk »Auf Wunsch Sozialversicherung möglich« steht. Auf Wunsch? Nun, wenn es schon
keinerlei Strafen gibt, dann kann man die Versicherungs-
pflicht doch ruhig etwas lockerer sehen.

Aber ...

Interessant ist, wie sehr sich kulturelle Denkweisen in wirtschaftlichen Gegebenheiten niederschlagen können: Die
Mittelklasse in Japan – oder zumindest die Zahl derer, die
sich selbst zu ihr zählen –, ist im internationalen Vergleich
noch immer sehr hoch. Die Zahlen sind zwar seit Langem
rückläufig, aber in Japan gibt man einfach nicht gern zu,
arm zu sein oder Hilfe zu brauchen.

Auch bei den Festangestellten mit lebenslanger Beschäfti-
gungsgarantie war und ist noch was zu holen: Waren früher
zwei hohe Boni im Jahr üblich, schrumpfen diese heute bei
vielen wie der Schnee auf dem Fuji im Sommer. Ja, früher war
alles besser. Und irgendwie sozialistisch, denn anders kann
man das massive Eingreifen des Staates ins wirtschaftliche
Getriebe, die Macht der Gewerkschaften und Dinge wie lebenslange Beschäftigung nicht bezeichnen. Doch das ist vorbei. Wie bei vielen anderen Dingen auch hat man, ob aus der
Not heraus oder nicht, auch in Sachen Beschäftigung damit
begonnen, vom großen Bruder Amerika zu lernen. Dank dieses Lernprozesses wimmelt es mittlerweile nur so von Leihar-
beitsfirmen, und während die gefühlte Hälfte der Werbespots
zeigt, wie absolut toll und einfach es doch ist, sich Geld zu

leihen, erläutert die andere Hälfte nicht weniger überzeugend, dass das Arbeiten als Zeit- oder Leiharbeiter das Beste ist, was einem im Leben passieren kann.

Das Ergebnis dieser Beschäftigungspolitik ließ nicht lange auf sich warten. Ein Prekariat begann sich zu formen. Mehr und mehr Japaner schlagen sich mit Ach und Krach durchs Leben – mit mehreren schlecht bezahlten Jobs gleichzeitig, ungenügender Kranken- und Sozialversicherung und einer trüben Aussicht auf die Zukunft, denn die Mindestrenten als gering zu bezeichnen, wäre noch ein Lob. Und ein Abrutschen in die Armut ist auch für Menschen aus der Mittelschicht recht einfach: Eine lange Krankheit oder ein Unfall reichen aus. Wer dann einmal seine feste Stelle verloren hat, muss schon viel Glück oder Geschick haben, um seinen Lebensstandard zu halten. Wer ganz unten angekommen ist und selbst seine Wohnung nicht mehr bezahlen kann, kann nur noch als Tagelöhner arbeiten – zum Beispiel im AKW in Fukushima. Besucher der Olympischen Spiele können jedoch ganz unbesorgt sein: Die japanische Regierung gibt ihr Bestes, um Obdachlose aus den Innenstädten zu vertreiben. Notfalls werden sie in das Viertel Airin nach Osaka gekarrt – in Japans einziges Stadtviertel, das den Namen Ghetto wirklich verdient. Wer dort durch die Straßen schlendert – ein gesundes Maß an Vorsicht ist allerdings geboten –, kann live erleben, dass Japan nicht gleich Japan ist.

Harte Fakten

2015 stellte man fest, dass rund ein Sechstel der japanischen Kinder – das sind 2,7 Millionen unter 14-Jährige – in Armut aufwächst. Nun ist Armut natürlich relativ – bezieht sie sich doch auf das Mindesteinkommen im jeweiligen Land (in Japan gilt 150.000 Yen – 2016 waren das rund 1.200 Euro) –, doch gerade in Japan, wo man ohne Geld praktisch gar nichts tun kann, trifft die Armut Kinder ganz besonders, denn sie bedeutet auch Ausgrenzung. Klassenfahrten, Sportzirkel, Veranstaltungen – alles kostet extra, und wenn die Eltern nicht zahlen können, haben die Kinder eben Pech gehabt.

42

DAS EIGENTLICHE ZUHAUSE DES JAPANERS IST SEIN BÜRO

Arbeitsweise

Japaner gelten als hart arbeitende Menschen, die jeden Tag furchtbar viele Überstunden schieben und kaum Freizeit haben. Doch warum nur ist die Produktivität im Land dann nicht höher als anderswo?

Jeden Freitag beginnt das gleiche Schauspiel im Büro. Plötzlich steht der eine oder andere Vertreter an der Bürotür (»Unangemeldeter Besuch wird abgewiesen!«) und will irgendwelche dubiosen Dienste oder Produkte verkaufen. Das Telefon klingelt sich derweilen heiß – Verkaufsanrufe. Auch unsere Vertriebsabteilung wird am Freitag richtig lebhaft. Da wird telefoniert, was das Zeug hält. Ob dahinter eine Strategie steckt? Auf Nachfrage bei den Vertrieblern stellt sich heraus: nein. Man ist sich gar nicht bewusst, dass die Aktivität höher ist als an anderen Wochentagen. Auch bei E-Mails macht sich der Freitag bemerkbar. Plötzlich trudelt lauter Post ein, auf die man schon seit mehreren Tagen gewartet hatte. Daraus erwächst ein Verdacht: Viele Japaner trödeln von Montag bis

Donnerstag nur rum, beginnen dann aber am Freitag, mit einem Schlag ihre To-do-Listen abzuarbeiten. Der Ball wird den Geschäftspartnern am liebsten am Freitagabend zugespielt – damit man selbst ganz beruhigt ins Wochenende gehen kann.

Von Japanern, vor allem älteren Semesters, hört man immer wieder, dass Japaner und Deutsche sich sehr ähnlich seien. Deshalb passten die beiden Länder ja im Zweiten Weltkrieg auch so gut zusammen (dass man den dann zusammen verloren hat, wird gern ausgeblendet). Doch bei der Arbeitsweise könnten Deutsche und Japaner verschiedener nicht sein. Während man in Deutschland zum Beispiel sagt: »Dienst ist Dienst und Schnaps ist Schnaps«, so gilt in Japan eher die Devise »Dienst ist Schnaps und Schnaps ist Dienst«. Die Firma nebst Kollegen wird zur Familie, mit der man bei Weitem mehr Zeit verbringt – auch außerhalb des Büros – als mit der eigenen Familie daheim. Das Zuhause ist nur zum Schlafen da; den Nachwuchs, so vorhanden, kennt man eher flüchtig.

In nicht wenigen Firmen wird in der Tat bis Mitternacht, also bis der letzte Zug fährt, gearbeitet. Anderenfalls wird einfach bis zur letzten Bahn zusammen getrunken. Ob man mit der eigenen Arbeit eigentlich schon lange fertig ist oder nicht, ist egal: Solange der Vorgesetzte noch im Büro sitzt, bleibt man. Das verlangt der Anstand so. In meiner Firma trieb mich dieser Umstand manchmal fast in den Wahnsinn: Es kam häufig vor, dass ich nach Arbeitsende noch im Büro blieb, um ungestört diverse Ideen verwirklichen zu können. Das war mir leider selten vergönnt: Die japanischen Kollegen blieben dann automatisch auch im Büro und kamen alle paar Minuten mit Geschäftigkeit vortäuschenden Fragen vorbei. Explizit dazu aufzurufen, doch nach Hause zu gehen, half meist auch nicht viel – irgendeine Arbeit findet man schließlich immer.

Dazwischen ging man dann gern noch schnell zum nächsten Spätverkauf, um sich dort sein dürftiges Abendbrot zusammenzuklauben. Und schon war wieder eine Stunde um.

Aber ...

Japanische Arbeitsmethoden sind in Wirtschaftskreisen wohlbekannt. Beispielsweise ist das Konzept des *kaizen* in vielen internationalen Konzernen anerkannt und praktiziert – es geht dabei um laufende und quasi unendliche Verbesserungen von Abläufen oder Produkten. So gesehen arbeiten Japaner also sehr effektiv, und etliche Firmen gehen auch beim Kampf für bessere Arbeitsbedingungen als leuchtendes Beispiel voran. Von dort bis zur gesellschaftlichen Akzeptanz neuer Methoden ist es jedoch ein großer Schritt.

Traurig sieht es auch beim Urlaub aus. Laut Gesetz haben Arbeitnehmer 13 Tage bezahlten Urlaub pro Jahr – doch die Mehrheit der Japaner nimmt diesen Urlaub nicht in Anspruch. Und das meistens nicht durch Druck seitens des Arbeitgebers, sondern aus dem Gefühl heraus, die Firma und die Kollegen nicht so lange im Stich lassen zu können. Wird dieser nicht genommene Urlaub dann wenigstens bezahlt? Meistens nicht. Werden Überstunden bezahlt? Nur wenn man Glück hat. Gerade in kleineren Firmen kann man nicht damit rechnen – dort steht im Arbeitsvertrag, dass Überstunden prinzipiell nicht gefordert werden. Und was nicht gefordert wird, kann entsprechend auch nicht bezahlt werden. Ganz einfach.

In vielen Büros und Geschäften wiederholt sich das Spiel namens »Arbeit und nie Freizeit« tagein, tagaus, und das in vielen Fällen an sechs Tagen in der Woche, denn meist ist der Sonnabend ein normaler Arbeitstag. Jeden Tag von 9 oder 10 Uhr morgens bis 22 oder 23 Uhr arbeiten, sechs Tage in der Woche, mit maximal drei Tagen am Stück Urlaub – kann das gut gehen? Natürlich nicht. Auch Japaner sind nur Menschen, und diese Zahl an Arbeitsstunden schlägt sich natürlich in der Produktivität nieder. Viele Japaner arbeiten quälend langsam und/oder sind Meister darin, eine eigentlich einfache Sache so zu verkomplizieren, dass man fünfmal mehr Zeit und Angestellte braucht. Wie viele Japaner müssen anwesend sein, um eine Glühbirne auszutauschen? Die Antwort: sechs. Einer steht am Lichtschalter. Einer hält die Leiter fest. Ein anderer protokolliert. Einer schraubt die Glühbirne aus und wieder ein. Und die anderen beiden diskutieren, ob man den Prozess nicht sicherer und einfacher machen könnte. Aber immerhin hat Japan dank dieser Arbeitsweise eine seit Jahrzehnten sensationell niedrige Arbeitslosenquote.

Harte Fakten

Karōshi – Tod durch Überarbeitung – und arbeitsbedingte psychische Erkrankungen wie Depressionen sind trotz einiger gesetzlicher Gegenmaßnahmen noch immer ein Thema in Japan. So werden pro Jahr rund 130 Fälle von *karōshi* als arbeitsbedingte Todesfälle anerkannt. Die Tendenz war nach dem Jahr 2000 für ein paar Jahre rückläufig, doch die Zahl der Betroffenen nimmt letztendlich wieder stetig zu.

43

Die japanische Gesellschaft ist so kinderfeindlich wie kaum eine andere

Nachwuchs

Nichts braucht Japan mehr als Kinder. Die Geburtenrate liegt schon seit Langem unter der Selbsterhaltungsrate, und Zuwanderung ist nach wie vor unerwünscht. Japan steuert so unaufhaltsam auf eine demografische Katastrophe hin. Das ist den Politikern und der Kinderindustrie aber reichlich egal.

Seit vielen Jahren schon halten beunruhigende Trends in Japan ihren Einzug. Es gibt immer weniger Hochzeiten. Die Scheidungsrate steigt. Immer mehr verheiratete Paare bekennen, *sekkusuresu* (*sexless* – ohne Sex) zu leben. Immer mehr Frauen finden keinen Mann und finden sich damit ab. Immer mehr Männer suchen ihre Befriedigung in imaginären Dingen wie Anime-Charakteren und Girl-Groups – keine ideale Partnerschaft, um Nachwuchs zu zeugen. Und so ist die Geburtenrate seit Jahren so niedrig wie kaum irgendwo anders auf der Welt.

Wer sich in Japan dazu entscheidet, Kinder zu bekommen, braucht etwas Mut, denn als kühler Rechner kann man leicht zu dem Schluss kommen, dass man verliert – nämlich viel, viel Geld. Dass man durch Kinder so viele nicht materielle Dinge gewinnt, wird in Japan in der Regel nicht in die Kalkulation einbezogen.

Der Spaß beginnt mit der Geburt, denn wenn die reibungslos verläuft, kostet das erst mal mindestens 350.000 Yen – rund 3.000 Euro. Diese Kosten werden zwar vom Staat letztendlich getragen, aber in der Regel müssen die glücklichen Eltern das Geld vorstrecken. Ein Kaiserschnitt sorgt für zusätzlichen Nervenkitzel, denn die Prozedur kostet extra und wird nicht erstattet. Wie es danach weitergeht, hängt ganz von der Gemeinde ab, denn Kinderwohlfahrt ist Kommunalsache. Sicher ist jedoch, dass die Mutter erst einmal ihren Job an den Nagel hängen kann und nur selten eine Chance bekommt, zum Arbeitsplatz, geschweige denn zur Karriere zurückzukehren. Krippenplätze? Aber gern doch! Das kostet dann entweder ein paar Hundert Euro, oder die Krippen sind so voll, dass man nur mit Losglück den Nachwuchs für ein paar Stunden loswird. Das Gleiche gilt in den meisten Städten für Kindergärten.

Wer bis dahin eine eigene Wohnung gekauft oder gerade umgezogen ist, braucht ebenfalls eine Portion Glück, denn nichts lieben Japaner mehr, als sich über Kinderlärm zu beschweren. Und zwar auf eine ganz eigene, sehr wirkungsvolle Art. Das reicht vom Beschmieren der Haustür über das Vollstopfen des Briefkastens mit Drohungen, täglichen Beschwerdeanrufen beim Wohnungsverwalter bis hin zum provokativen Herumfuchteln mit einem großen Messer beim Anblick der Familie oder der Kinder. Alles schon erlebt. Wer die Wohnung gekauft und dafür einen hohen Kredit aufgenommen hat, kann sich dann gleich schon mal nach einem neuen Käufer umsehen und überlegen, wie er mit dem Kredit klarkommt. Leider ist die Lage vor Erscheinen des Kindes schwer zu beurteilen, denn wer outet sich schon gern als Kinderhasser.

Die Erziehung der Kinder ist zudem in manchen Dingen abenteuerlich. In vielen Supermärkten gibt es Ecken, in denen man Esswaren probieren kann – kostenlos. Doch da zum Beispiel außerhalb dieser Probierecken auch Backwaren und andere vor Ort produzierte Sachen frei herumliegen, wissen kleine Kinder oftmals nicht, ob das Pfötchen gerade in einen Behälter mit Gratisproben oder in echte Ware langt. Nicht selten ist dann umgehend ein Angestellter zur Stelle und verkündet, mit einem Lächeln natürlich, dass die Eltern die angefasste Ware selbstverständlich auch zu kaufen haben. Das liegt zwar im Ermessen des Angestellten, doch es kommt häufig genug vor. Dabei ist das noch eine Kleinigkeit. Es gab bereits etliche Fälle, bei denen Eltern zur Zahlung Hunderttausender Euro verurteilt wurden, weil Sohnemann oder Töchterchen mit dem Fahrrad ein Auto oder eine alte Oma beschädigt hatten. Dafür gibt es natürlich Versicherungen – und bei den exorbitanten Schadensersatzforderungen sind die gut angelegtes Geld.

Trotz sinkender Geburtenrate – oder gerade deshalb – ist die Kinderindustrie fleißig dabei, auch noch den letzten Yen aus den Eltern zu pressen. An jeder Ecke stehen verlockende *gatcha gatcha* – Automaten, aus denen man für ein paar Münzen in Plastikkugeln verpacktes Spielgeld ziehen kann. Die Pokémon-&-Co-Manga-Industrie geht nahezu erpresserisch vor. Wer keine glitzernden Karten mit *Suite Precure*, *Yokai Watch* und wie sie alle heißen vorweisen kann, kann das Spielen mit anderen Kindern gleich mal vergessen. Dann geht es weiter mit tragbaren Spielekonsolen: Laut Statistik haben 90 % der Grundschüler ein Gerät namens Nintendo DS, und die restlichen 10 % sind entsprechend fest davon überzeugt, dass ihre Eltern sie abgrundtief hassen, denn sonst hätten sie ihnen ja schon lang eine solche Konsole gekauft. Wenn japanische Kinder sagen, sie gehen raus zum Spielen, dann bedeutet dies lediglich, dass sie irgendwo im Rudel zusammenhocken und Nintendo DS spielen.

Nachgedacht ...
In Entwicklungsländern gelten Kinder als Investition in die Zukunft. In Industrieländern erscheinen sie mehr und mehr als Luxus – und Japan schreitet bei diesem Bild als leuchtendes Beispiel heran. Es sind dabei aber nicht nur die Kosten – die sind fast überall in der Ersten Welt sehr hoch –,

es sind mehr die Rahmenbedingungen, die das Großzie-
hen von Kindern in Japan erschweren. Es sei denn, man ist
einfach nur froh, wenn die Kinder still und leise sind und
von morgens bis abends an Bildschirmen festkleben, bis sie
zu Soziopathen werden ...

44

IN JAPAN SIND FREMDE WILLKOMMEN, SOFERN SIE DAS LAND MÖGLICHST SCHNELL WIEDER VERLASSEN

Ausländer II

Es erfüllt die meisten Japaner mit Stolz, wenn sie sehen, wie viele Ausländer bis ans Ende der Welt reisen, um ihre Inseln zu besuchen. Doch wer länger dableiben möchte, sieht sich schnell mit zahlreichen Stolpersteinen konfrontiert.

Ah, ein Anmeldeformular im Internet! Das ist ja praktisch. Eine englische Version des Formulars gibt es zwar nicht, aber das wäre ja von einem milliardenschweren Versicherungskonzern auch bestimmt zu viel verlangt. Bitte geben Sie Ihren Vornamen ein. Gut. »M-a-t-t-h-i-a-s«. Fehler. »Bitte benutzen Sie nur Double-Byte-Zeichen oder *Kana* oder *Kanji*.« Auch gut. Also wandle ich auf Wunsch der Versicherung die Zeichen in Double-Byte-Zeichen um. Bloß gut, dass ich sowohl Japanisch als auch IT beherrsche. Fehler. »Ihr Name ist zu lang.« Das hat mir bisher noch nie jemand gesagt. Die meisten japanischen Vornamen bestehen aus einem bis drei Zeichen. Meiner aus acht. Notgedrungen schreibe ich meinen Namen also in Katakana, dem japanischen Silbenalphabet für Fremdwörter. »Ma-te-kleines i-a-su«. So, fünf Zeichen. Na endlich. Nach weiteren 30 Minuten Kampf mit dem Formular – in Japan hat man es nicht so mit Benutzerfreundlichkeit im Internet – ist es vollbracht. Jetzt muss ich nur noch meine Ausländer-ID kopieren, und dann sollte doch dem Abschluss der Versicherung nichts im Wege stehen! Oder? Natürlich kommt ein paar Tage später ein Anruf. Eine freundliche Dame erklärt mir, dass man meinen Antrag leider nicht bearbeiten könne, denn der Name auf meiner ID (in lateinischen Buchstaben) stimme nicht mit dem Namen im Formular (japanisches Silbenalphabet) überein. »Aber Ihre Internetseite hat die Eingabe meines Namens nicht zugelassen«, protestiere ich noch, aber das hilft nicht viel. Ich solle doch einfach alles noch mal handschriftlich auf einem Papierformular ausfüllen.

Aber ...

Solange man sich halbwegs an die Regeln hält, sind japanische Behörden sehr freundlich zu Ausländern. Ausnahme: die Ausländerbehörde. Vor allem in den größeren Städten halten die Rathäuser oft eine Gruppe von Dolmetschern bereit, und selbst kompliziert anmutende Vorgänge wie das Melden von Geburten oder ein Wohnungswechsel sind nicht selten erstaunlich schnell – und mit einem Lächeln – erledigt. In vielen Rathäusern sogar am Wochenende.

Japan macht es Ausländern weiß Gott nicht einfach. Nicht einmal 2 % der japanischen Bevölkerung sind Ausländer – und der Großteil stammt zudem aus China oder Korea und lebt schon seit Ewigkeiten in Japan. Es fehlt also die Nachfrage, die kritische Masse, die Japan dazu zwingen würde, sich den Aufwand zu machen, alles etwas ausländerfreundlicher zu gestalten. Hinzu kommt die nahezu panische Angst vor all den bösen Dingen aus dem Ausland. So sieht man nicht selten ein Schild mit der Zeichnung eines freundlich lächelnden Mannes, der in zehn Sprachen sagt: Hier werden nur in Japan ausgestellte Kreditkarten akzeptiert. Bitte was? War es nicht der eigentliche Zweck von Kreditkarten, diese überall, vor allem aber im Ausland, benutzen zu können? Sicher. Aber das schert in Japan niemanden, da es nicht genug Kunden gibt, die sich darüber beschweren können. Und die paar Touristen, die sich vor der Reise nicht richtig informiert haben, wo man ausländische Kreditkarten benutzen kann (eine absurde Idee, auf die man erst mal kommen muss!), können ja sowieso kein Japanisch und fliegen ohnehin nach ein paar Tagen wieder ab.

Dieses Problem lässt sich noch leicht lösen – man geht einfach zu einer Postfiliale und hebt dort am Automaten Geld ab. Interessanter wird es schon beim Abschließen eines Handyvertrages. Das geht natürlich nur auf Japanisch, und viele verlangen für den Vertragsabschluss einen japanischen Bürgen, der belangt wird, falls der böse Ausländer aus dem Land verschwindet. Bei vielen Verträgen besteht man dann noch auf einen sogenannten *hanko* – einen meist ovalen Namensstempel, den man in Japan anstelle von Unterschriften benutzt. Der sollte natürlich beim örtlichen Rathaus registriert werden, wofür man wiederum noch mehr Dokumente braucht, denn nur so bekommt man eine Stempelurkunde, die besagt, dass der Stempler wirklich existiert und der Stempel einwandfrei dem Benutzer zuzuordnen ist. Dass man diese Stempel für die gängigsten 100 oder so Familiennamen im 100-Yen-Shop kaufen kann, ist eine andere Geschichte.

Das nächsthöhere Level erreicht der Ausländer, wenn er eine Wohnung mieten will. Es gibt genügend Vermieter in Japan, die einfach nicht an Ausländer, egal woher sie kommen, vermieten wollen. Begründung: Man spreche kein oder nur leidlich Englisch und befürchte deshalb Kommunikationsprobleme zu Ungunsten des Mieters. Logisch. Auch hier braucht man ohne Bürgen gar nicht erst anzutanzen. Zugereiste mit einem 1-Jahres-Visum haben es noch wesentlich schwieriger, da die Vertragslaufzeit für Wohnungen, Handys und viele andere Sachen auf zwei Jahre ausgelegt ist und Ausnahmen nicht vorgesehen sind.

Einige dieser Probleme lösen sich in Luft auf, wenn man länger im Land wohnt und fließend Japanisch spricht und liest. Wenn jedoch ein Vermieter oder Ladenbesitzer der Meinung ist, trotzdem Ausländer abweisen zu wollen, kann man nicht allzu viel dagegen unternehmen. Ganz schlimm erwischt es regelmäßig Menschen, die nicht japanisch aussehen, aber in Japan geboren und aufgewachsen sind. Nahezu tagtäglich wird ihnen das Gefühl vermittelt, fremd im eigenen Land zu sein.

Harte Fakten

Zwar kommen alljährlich rund 10 Millionen Besucher nach Japan, doch die Zahl der im Land lebenden Ausländer ist eher bescheiden: Insgesamt leben rund 2,1 Millionen

Ausländer in Japan – bei rund 125 Millionen Einwohnern. Von diesen 2,1 Millionen kommen 80 % aus Asien. Aus dem deutschsprachigen Raum zählte man 2014 rund 7.300 Menschen. Diese Statistiken beinhalten wohlgemerkt auch Austauschstudenten und andere Besucher mit einem zeitlich sehr begrenzten Visum.

45

IN JAPANISCHEN WOHNUNGEN IST MAN SEINEM NACHBARN NÄHER, ALS EINEM LIEB IST

Wohnen

Wer nicht allzu viel Geld für Miete ausgeben kann oder will, findet sich in Japan schnell in einem wahren Loch wieder. Man könnte fast meinen, Japaner arbeiten so viel und so lange, damit sie sich nicht allzu lang das Elend namens Wohnung anschauen müssen.

Es war schwer genug, eine eigene Wohnung zu finden, um sich aus der wohligen, aber sehr lauten Umarmung des Studentenwohnheimes der Senshu University zu lösen. Immerhin war ich zum Japanischlernen nach Japan gekommen – der Aufenthalt in einem Wohnheim, das nur für Ausländer gedacht war, war deswegen nicht sonderlich förderlich. Da ich nur eine Wohnung für ein knappes Jahr suchte, die meisten Angebote jedoch für Zwei-Jahres-Verträge galten, wurde die Auswahl schon kleiner. Das knappe Budget schmälerte die Auswahl gleich noch mal – ein kleines Zimmerchen mit 10 Quadratmetern nebst Minibad und Miniküche kostete schon mal umgerechnet 600 Euro pro Monat, und das war noch nicht einmal in Tokyo, sondern im angrenzenden Kawasaki.

Aber ...

Während gute Wohnungen früher in Japan nicht viel galten – Hauptsache, man hatte ein Dach über dem Kopf, und das, was in der Wohnung herumstand, erfüllte seinen Zweck –, so legen Japaner heute immer mehr Wert auf lebenswerte Wohnungen. Das weiß die Industrie, und so entstehen immer komfortablere Anlagen. Internationale Konzerne wie Ikea profitieren ebenfalls davon: Während das Möbelhaus beim ersten Versuch, in Japan Fuß zu fassen, kläglich scheiterte, können sich die Schweden seit dem zweiten Versuch vor Kunden kaum retten.

Das, was man – nur um ihm einen Namen zu geben – Wohnzimmer nennt, bestand aus sechs Reisstrohmatten, umgeben von hauchdünnen Wänden an drei Seiten, hinter denen man den Nachbarn schnarchen hören konnte. Eine Seite bestand aus Fenstern und einer Tür zum Minibalkon, auf dem, mangels Platz in der Wohnung, die Waschmaschine hauste. Die Aussicht war fantastisch: Der Korridor des Nachbarhauses – bei fast allen japanischen Häusern befindet sich der Korridor nicht im Hausinneren, sondern außen – lief exakt auf mein »Wohnzimmer« zu, und der Eingang zur Wohnung am Ende jenes Korridors lag keinen Meter von meinem Balkon entfernt. Kam also mein indirekter Nachbar nach Hause, so lief er schnurstracks auf mich zu und machte erst kurz vor meiner Wohnung eine 90-Grad-Wende.

Auch das eigene Bad samt Toilette war Anlass für tägliche Freude. In der Badewanne zu sitzen, war bei normaler Größe quasi ausgeschlossen – also betrachtete ich das Ganze als etwas größere Dusche mit Hinderniselement, sprich einer 1 Meter hohen Plastikwand. Die Toilette wiederum war so gebaut, dass man mit europäischem Gardemaß bei einem Sitzgeschäft die Tür nicht schließen konnte. Und dann war da noch Joe. Joe kroch jede Nacht pünktlich um 1:43 Uhr hinter dem Kühlschrank hervor und war ein stattlicher Vertreter der in Japan häufigsten Kakerlakenart. Dunkelbraun glänzend, rund 3 Zentimeter lang und ziemlich flink. Kaum bemerkte er meine Anwesenheit, verschwand er schnell wieder – bis zum Wiedersehen sollte es dann 24 Stunden dauern. Seinen Kollegen (oder Ahnen? Wer weiß das schon) hatte ich während der ersten Tage in der neuen »Wohnung« mit dem Pantoffel erschlagen, und das war mit einer Sitzung nicht getan. Mehrere Schläge waren notwendig und das Ganze kein schönes Ereignis – weder für die Schabe, versteht sich, noch für mich. Deshalb ließ ich Joe Joe sein, und damit fuhr ich ganz gut. Der insektenhassenden Mitbewohnerin verschwieg ich die Existenz der Kreatur gerade so, als ob es sich um eine heimliche Geliebte handeln würde. Man sagt in Japan, dass es für jede Kakerlake, die man sieht, 17 Kakerlaken gibt, die man nicht sieht. Das bezweifelte ich stark: In jener Wohnung war ganz sicher kein Platz für weitere 17 Tierchen dieses Kalibers.

Auch die Nachbarn waren ganz nett. Ich bemühte mich, so leise wie möglich zu sein – und ich hatte bewusst ein Eckzimmer gewählt. Wenn der unmittelbare Nachbar verreist war, kam gelegentlich sogar Besuch zu uns, doch das wurde von anderen Bewohnern gerächt, indem sie klebrige Okonomiyaki-Sauce über den Türknauf kippten. Rache ist süß und schmeckt stark nach Worcestersoße.

Irgendwann war ich mal mit ein paar japanischen Studenten durch die Einöde einer ostdeutschen Plattenbausiedlung gelaufen – und die Begleiter riefen sofort: »Hier ist es ja wie in Japan!« In der Tat: In Japan gibt es sehr viele solcher Siedlungen, *danchi* genannt, und viele von ihnen sehen trostlos aus – sie sind jedoch blitzblank, und das macht dann doch schon einen Unterschied. Es gibt keinen Müll, keine Graffitis; alles ist unheimlich sauber. Schlimm sieht es jedoch bei etlichen Apartments aus: Zwei- bis Drei-Geschosser, die auf recht wackligen Füßen stehen, bei einem Feuer wie ein Streichholzkopf in Flammen aufgehen und nicht selten von Ungeziefer verseucht sind. Damit nicht genug: Obwohl es auch in Japan im Winter recht kühl wird, gibt es quasi null Isolierung. Doppelglasige Fenster sind eine Seltenheit, und die Wände sind sehr dünn. Kaum hat man die Klimaanlage ausgeschaltet, wird es auch schon so kalt wie draußen. Schaltet man die Heizung beziehungsweise Klimaanlage wieder an, läuft das Kondenswasser nur so von den Scheiben – und sorgt für prächtigen Schimmelbefall. Wer in Japan wirklich »wohnen« will, kommt deshalb langfristig um Eigentum nicht herum.

Harte Fakten

Die Wohnlage in Japan hat sich über einen langen Zeitraum hinweg verbessert – vor allem dank der Zunahme von Wohneigentum. Doch die durchschnittliche Wohnflä-

che pro Person bei Mietwohnungen ist mit 23 Quadratmetern noch immer relativ klein. Hinzu kommt ein starkes
Gefälle beim Einkommen der Mieter sowie bei der Stadt-
nähe. Während Wohneigentum auf dem Land spottbillig
ist, bezahlt man in Tokyo enorme Summen für winzige
Wohnungen. In Zahlen ausgedrückt, kann man eine rund
20 Quadratmeter große Einraumwohnung mit Küche und
Bad auf dem Land manchmal für 300 Euro mieten, während
man im Zentrum von Tokyo dafür gern bis zu 1.500 Euro
loswird. In beiden Fällen gibt es dabei natürlich auch Extre-
me. Gern stellen sich übrigens Grundbesitzer regelrechte
Karnickelbuchten in den Hinterhof – denn Grundsteuer für
ihr Land müssen sie so oder so bezahlen, egal ob sie dort
Gemüse anbauen oder Menschen wohnen lassen.

46

JAPANER SIND MEISTER IM GEISTIGEN DIEBSTAHL

Originalität

Die japanische Kultur wird häufig für ihre Einzigartigkeit gerühmt. Schaut man allerdings genauer hin, offenbart sich ein sehr interessantes Schema – vorrangig bestehend aus Importen von klugen und weniger klugen Dingen aus anderen Ländern.

Ikebana, Teezeremonie, Judo, Karate, Anime, Ninja, Sushi ... Kaum ein anderes Land hat so viele weltweit bekannte Traditionen, die man nur diesem einen Land zuschreibt. Und jede dieser Traditionen hat unzählige Fans in aller Welt – Menschen, die Japan wegen seiner kulturellen Eigenheiten rühmen und nicht selten allein aus diesem Grund damit beginnen, Japanisch zu lernen und nach Japan zu reisen. Und manche bleiben sogar für immer dort. Wie hat es dieses Land – am Rand der Welt und dank Insellage gut abgeschottet – geschafft, sich diese Kultur aufzubauen?

Vor gut 2.500 Jahren war schon einiges los auf der Erde. Ägypter waren mit dem Bau gigantischer Pyramiden beschäftigt, im Mittleren Osten und in Indien löste eine Hochkultur die andere ab und in Griechenland begann man, mit Politik und Philosophie zu experimentieren und somit den Grundstein für moderne Gesellschaften zu legen. In Japan sprang man, salopp gesagt, damals noch von Baum zu Baum. Hoch im Norden lebten die Ainu, die vor allem damit beschäftigt waren, im Einklang mit der – im Winter unangenehm kalten – Natur zu leben, und im Süden stellte man hier und da ein bisschen schlichte Keramik her und hauste in Erdhöhlen. Mit der Eisenherstellung hatte man es damals noch nicht so, weshalb Muscheln als Währung herhalten mussten.

Doch mit Beginn unserer Zeitrechnung sollten sich die Dinge ändern. Chinesen importierten das Geheimnis der Eisenherstellung, ein Kaiser erhob sich aus der Masse und begann, das Land zu verwalten, chinesische Schriftzeichen kamen erstmals zum Einsatz, wobei es furchtbar kompliziert war, sie mit der japanischen Sprache in Einklang zu bringen – schließlich ist Japanisch dem Chinesischen genauso ähnlich wie das Finnische dem Englischen, also fast gar nicht – und dann kam zusammen mit der Schriftsprache auch noch der Buddhismus ins Land, der sich sehr schnell gut gegen die einheimische animistische Religion namens Shintoismus behaupten konnte. Mit anderen Worten: Hätten die Chinesen damals Japan nicht einen enormen Entwicklungsschub gegeben, wäre das Land heutzutage womöglich welt- und außenpolitisch genauso wichtig wie Madagaskar, nur ohne Lemuren. Doch man begann früh damit, fremde kulturelle Errungenschaften nicht nur zu assimilieren, sondern auch noch zu verfeinern. Am liebsten tat man das, indem man einfach mal das Land dichtmachte – kaum einer kam dann mehr heraus geschweige denn herein, beinahe so, als ob man das neu Erlernte erst mal verdauen müsse.

Zwei Eigenschaften ziehen sich wie ein roter Faden durch japanische Traditionen: absolute Hingabe und der Hang zur Perfektion. Anders lassen sich Kunstformen wie das Nō-Theater, Ikebana und die Teezeremonie nicht erklären. An diesen Konzepten wurde viele Jahrhunderte lang geschliffen – als Resultat entstanden sehr abstrakte, aber extrem durchdeklinierte und deswegen hochkünstlerische Traditionen.

Vor der letzten Landesabschließung zu Beginn des 17. Jahrhunderts kamen das Christentum und Feuerwaffen ins Land, doch von beiden Dingen war man letztendlich nicht sonderlich angetan. Das Christentum griff anfangs so schnell um sich, dass man es letztendlich als Gefahr betrachtete und versuchte, es auszumerzen. Feuerwaffen kamen zwar reichlich zum Einsatz, doch die Krieger des Landes griffen doch lieber zum Schwert als zur Muskete. Die letzte Landesabschließung dauerte fast 250 Jahre, und darin liegt letztendlich auch ein Teil des japanischen Geheimnisses: Welches größere Land hatte schon bis Mitte des 19. Jahrhunderts Zeit, sich so sehr in sich zu kehren, befreit von (fast) allen äußeren Einflüssen? Friedlich war es, mehr oder weniger zumindest, und so widmete man sich auch in Japan den schönen Künsten. Wobei »schön« natürlich Ansichtssache ist – zu jener Zeit entstanden nämlich nicht nur schöne Porträts des Fuji-san, sondern zum Beispiel auch die *shunga*, kleine Zeichnungen mit mehr als eindeutigem Inhalt. Der Hang zu erotisch-pornografischen Mangas ist also nicht neu.

Doch welch Panik, als plötzlich ein paar verwegene Amerikaner mit Kanonenbooten auftauchten und das Land vor die Wahl stellten: Entweder ihr öffnet einen Hafen, oder wir kommen mit einer ganzen Armee wieder! Da es in Sachen Waffen fast 250 Jahre lang keinen Fortschritt in Japan gegeben hatte, wählte man aus Not die erste Option und begann, das Land ziemlich schnell zu modernisieren. Und das tat man sehr geschickt. Hunderte Japaner wurden ins Ausland geschickt, um zu studieren, wie andere Länder ihre Angelegenheiten so regelten. An Preußen gefiel den Besuchern zum Beispiel das Medizin- sowie das Heereswesen – und so importierte man diesbezüglich fleißig Erkenntnisse. Während in Deutschland Mediziner ihre Patienten mit lateinischen Begriffen traktieren, so passiert das in Japan auf Deutsch (ältere Ärzte beherrschen noch immer etliche deutsche Begriffe, doch jungen Medizinern bleibt das mittlerweile erspart).

Als Deutschland, England und andere Staaten damit begannen, über China herzufallen, sah man das auch in Japan mit großem Interesse. Man testete seine Kräfte in einem Krieg gegen Russland, okkupierte kurzerhand Taiwan und Korea und schlug sich im Ersten Weltkrieg schließlich auf die Seite der Engländer und Amerikaner – so zog man als Verbündeter gegen die Deutschen in der Kolonie Tsingtau in den Krieg. Doch die Verbündeten dachten im Traum nicht daran, Japan auf Dauer am Kuchen zu beteiligen. Und so nahm die Geschichte ihren Lauf.

Gut zu wissen

Das Importieren und Verfeinern fremder Traditionen ist noch immer Programm. Sieger im Pizzabäckerwettbewerb zu Neapel? Ein Japaner. Bester Whisky laut internationaler Jury? Ein japanischer. Baseball? Japan ist ganz oben dabei. Die Liste ist furchtbar lang. Es gibt kaum internationale Wettbewerbe – egal welcher Art –, bei denen nicht irgendein Japaner antritt, um später die Erkenntnisse mit nach Hause zu nehmen und dort entweder andere Japaner zu begeistern oder ein Geschäft daraus zu machen. Warum auch nicht?

47

In Japan gilt: Wo ein Stempel, da ein Weg

Namensstempel

Was in europäischen Gefilden die Unterschrift ist, ist in Japan der Namensstempel, *hanko* genannt. Diese Stempel gibt es schon seit Ewigkeiten und kamen dereinst aus China. Ohne sie geht im privaten und beruflichen Leben nichts, und die vielen Regeln können einen schnell in den Wahnsinn treiben. Der inflationäre Einsatz der Stempel wirkt auf den westlichen Betrachter einfach nur unheimlich schrullig.

Was haben die Kunden aber auch für Extrawünsche, erst recht, wenn es sich beispielsweise um Einrichtungen mit öffentlichen Trägern handelt! »Wir brauchen eine Rechnung mit dem Adressstempel sowie dem Siegel des Geschäftsführers«, heißt es nicht selten bei der Bestellung. Der Adressstempel ist kein Problem: Der besteht – wie wohl überall auf der Welt – aus Einzelbausteinen wie der Adresse, der Telefonnummer und dem Namen des Geschäftsinhabers und hat keine rechtlich bindende Wirkung. Mit dem Siegel des Geschäftsführers hingegen sieht das anders aus: Schließlich erweckt dieses Siegel den Eindruck, dass mit dem Kaufgeschäft ein Vertrag zwischen Einzelperson und Kunde – und nicht zwischen Firma und Kunde – geschlossen wird. Man ist also quasi persönlich festgenagelt. Da das private Siegel zudem auch noch rechtlich bindende Wirkung hat – damit kann man zum Beispiel Bankgeschäfte erledigen –, gibt man es nur ungern weiter. Also mussten die Angestellten jedes Mal warten, bis ich im Büro war, um mich zu bitten, manche Rechnungen, teilweise nur über ein paar Hundert Yen, mit meinem eigenen Siegel abzustempeln. Das wurde mir irgendwann zu bunt, und so forschte ich ein bisschen nach. Und siehe da: Ich brauchte einfach nur zum Stempelmacher zu gehen und einen Stempel mit dem Namen der Firma und dem Zusatz »der Geschäftsführer« anfertigen zu lassen. Dazu war keinerlei Nachweis erforderlich – ob es die Firma gibt, ob ich etwas damit zu tun habe und ob ich überhaupt der Geschäftsführer bin, war egal. Sofort wurde der neue Stempel ausprobiert. Auf einen Schlag waren alle Kunden glücklich. Selbst die alljährliche Steuererklärung kann man damit abstempeln, dabei beinhaltet der Stempel noch nicht mal einen Personennamen.

Aber ...

Japan kann auch gnädig sein: In etlichen Fällen bleiben Ausländer die Stempeleien erspart – stattdessen reicht gelegentlich auch eine ganz profane Unterschrift. Wer jedoch länger als ein paar Monate bleibt und nicht komplett von seiner Firma betreut wird, kommt um die Beschäftigung mit den Stempelregeln nicht herum.

Die mit *shuniku,* einer sehr markanten rot-orangen Farbe, benutzten Stempel kommen in unterschiedlichen Formaten daher. Es gibt runde, ovale und eckige. Firmen haben meistens runde und eckige Stempel, Privatpersonen runde oder ovale. Allein schon bei diesen Unterscheidungen brummt einem der Kopf. Um einen Stempel zu einem rechtlich bindenden Instrument umzuformen, muss man ihn nebst Einwohnermeldeerklärung zum Rathaus tragen und registrieren lassen – dann bekommt man eine Magnetkarte, mit der man wiederum berechtigt ist, sogenannte Stempelzertifikate aus den Automaten zu ziehen. Die sind natürlich jeweils nur drei Monate lang gültig, denn die Kommunen müssen ja auch von irgendwas ihre Angestellten bezahlen. Mit Stempel und Zertifikat bewaffnet, ist man jetzt endlich in der Lage, Verträge abzuschließen. Und da geht es richtig hoch her: Auf jede Seite einen Stempel, dann einen Stempel zwischen die Seiten, noch einen Stempel, der sich über beide Kopien erstreckt, und wenn man ein Schriftzeichen falsch geschrieben hat, das ganze zwei Mal durchstreichen und ... richtig: abstempeln. Die ganzen Spielarten der Stempelei haben natürlich ihre eigenen Bezeichnungen: *sutein, wariin, chigiriin* und so weiter. Eines muss man dazu jedoch sagen: Jeder noch so popelige Vertrag sieht mit der ganzen Stempelei absolut wichtig aus. Doch wehe, wenn man den Stempel verliert – in diesen Fällen gibt es dann enorm zeitaufwendige Prozeduren.

Das Stempeln selbst will gelernt sein. Ist der Untergrund zu weich, verwischt der Stempel. Ist er zu hart, wird der Stempelabdruck unvollständig, und eine Korrektur ist nicht möglich. Ein Vertrag mit einem ungenauen Stempelabdruck wird somit schlichtweg ungültig. Aus diesem Grund gibt es zum Glück ganz besondere Stempelmatten, und die Investition lohnt sich.

Gut zu wissen

Obwohl Namensstempel für die gängigsten Namen als Massenware in jedem 100-Yen-Shop erhältlich sind, bevorzugen die meisten Japaner handgefertigte Stempel. Traditionell werden die Stempel aus Wasserbüffelhorn hergestellt und kommen in praktischen Schatullen daher, in denen auch gleich ein kleines Stempelkissen untergebracht ist. Die Stempel gelten sowohl bei China- als auch bei Japantouristen als beliebtes Souvenir.

48

GEMEINNÜTZIGKEIT UND BETRUG LIEGEN IN JAPAN SEHR NAH BEIEINANDER

Non-Profit-Organisationen

Auch in Japan sind Non-Profit-Organisationen sehr aktiv und beliebt. Man muss allerdings nicht in die Tiefe gehen, um zu merken, dass diese Organisationen sehr wohl profitorientiert sind. Das findet man in Japan scheinbar völlig normal.

Eine sehr bekannte Organisation rief eines Tages in meiner Firma an und fragte, ob es nicht möglich sei, sich mal zu treffen. Vielleicht gäbe es ja Dinge, die man gemeinsam auf die Beine stellen könne. Natürlich, warum nicht. Die Organisation ist eine gemeinnützige Stiftung und hat sich zum Ziel gesetzt, die Englischkenntnisse japanischer Schüler zu testen. Dafür wurden Englisch-Sprachprüfungen in verschiedenen Schwierigkeitsstufen geschaffen. Diese Sprachtests sind, da nur auf Japan begrenzt, im Ausland natürlich kaum bekannt. Beim Meeting stellte sich heraus, dass die Organisation neue Lehrer für das Verfassen von Prüfungsaufgaben rekrutieren will – und bei der Suche auf fremde Hilfe angewiesen ist. Bei der Frage nach dem Budget erntete ich Gelächter: Man sei doch gemeinnützig, da kommt Bezahlung natürlich nicht infrage. Wirklich? Tatsache ist, dass Schüler, egal wie alt, durchaus einiges an Geld für die Prüfung bezahlen. Dabei muss man dem Verein zugutehalten, dass er nicht alles für sich behält. Sogar ganz im Gegenteil: Lehrer, sowohl an öffentlichen als auch an privaten Schulen, erhalten für jeden Schüler, der die Prüfung ablegt, Provision. Das muss man sich mal vorstellen: Lehrer, zum Teil verbeamtet, als Verkäufer im Klassenraum! Das Produkt: ein Englischtest, der außerhalb Japans nicht viel wert ist, erstellt von einer gemeinnützigen Organisation, die kräftig Kasse macht.

Aber …

Die Zahl der Organisationen, die letztendlich viel Gutes leisten, ist natürlich in der Überzahl. Besonders häufig findet man zum Beispiel Vereine, die Freundschaften mit bestimmten Ländern schließen (es existiert zum Beispiel tatsächlich ein Japan-Tonga-Freundeskreis), aber auch zahllose Vereine, die sich in verschiedensten Formen um benachteiligte Menschen kümmern. Auch international bekannte Vereine wie der Rotary Club erfreuen sich großer Beliebtheit.

Die Geschäftemacherei mit der Gemeinnützigkeit ist nichts Seltenes, und gelegentlich geht bei einer Stiftung die Bombe hoch. So zum Beispiel bei *der* Stiftung für Schriftzeichentests. Aber auch nach dem einen oder anderen Skandal machen alle weiter wie gehabt. Diese recht laxe Auslegung der Begriffe »Gemeinnützigkeit« und »Ehrenamtlichkeit« hat aber auch andere Auswirkungen. Die angeblichen Ehrenamtlichen oder Freiwilligen werden nämlich sehr wohl entlohnt. Man weiß vorher nur nie so genau, um wie viel Geld es geht. So bin ich schon mehrfach von Universitäten, Schulen und gemeinnützigen Stiftungen eingeladen worden, um dort eine Rede zu halten oder einfach nur am Podium zu sitzen. Jedes Mal hieß es, dass man leider nichts dafür bieten könne – das Ganze sei ja rein freiwillig. Doch bisher kam jedes Mal jemand mit einem Briefumschlag und einer Quittung zu mir, mal mit 10.000, mal mit 20.000 Yen oder sogar mehr und der höflichen Aussage, dass das »nur ein kleines Dankeschön« sei.

Dies scheint die Norm zu sein, doch bei größeren Ereignissen wird es richtig bunt. Nach dem schweren Erdbeben und dem Tsunami im Jahr 2011 flossen Unmengen an Hilfsgeldern – mehr als die bereits zuvor schon entvölkerte und strukturschwache Region auf einmal verarbeiten konnte –, doch bei Stichproben stellte man fest, dass riesige Mengen dieser Gelder auf dubiose Art und Weise regelrecht versickerten. Neue gemeinnützige Organisationen und Subsubsubsubunternehmen schossen wie Pilze aus dem Boden und waren teilweise noch nicht einmal im Katastrophengebiet tätig. Ein kleiner Querverweis auf die betroffene Region (»Wir kaufen dort Reis ein.«) reichte offensichtlich schon aus, um den Geldhahn aufzudrehen – Geld in solchen Größenordnung weckt nun mal die Gier in den Menschen. Und so heißt es auch in Japan: Lieber vorher drei Mal schauen, bevor man etwas spendet.

Gut zu wissen

Das Verhältnis zum Geld ist seit jeher in Ostasien entspannter, als wir es im Westen gewohnt sind. In dieser Region ist es nicht verpönt, viel Geld zu verdienen. Schimpfnamen für Reiche gibt es nicht. Und die Idee, sich darüber zu beschweren, dass dies oder das Geld kostet, ist Japanern normalerweise fremd. Eine Ausnahme gibt es: Die NHK-Pflichtgebühr, ein monatlicher Betrag zur Finanzierung des staatlichen Rundfunks, ist vielen Japanern ein Dorn im Auge.

49

JAPANER LIEBEN KLAMOTTEN MIT VÖLLIG SINNFREIEN AUFDRUCKEN

Mode

Ausländisch ist in – erst recht in der japanischen Mode, in der fremdsprachige Aufdrucke auf Kleidungsstücken beinahe schon ein Muss sind. Doch wehe, man liest, was dort alles geschrieben steht.

Ein schönes T-Shirt ist das. Schlicht, schwarz, mit der holländischen Flagge auf der Brust. In jedem der drei Balken ein Wort: Käse, Tulpe, Windmühle. Nun gut, Holland eben. Darunter steht dann noch extra – alles auf Deutsch, wohlgemerkt! – geschrieben: Königreich der Niederlande. Und darüber: Kaffeegeschäft, Dekorationsfenster und Euthanasie. Und erstaunlicherweise alles ohne die sonst in Japan obligatorischen Rechtschreibfehler. Aber halt: Euthanasie?

Das ist beileibe kein Einzelbeispiel. Englisch und andere mit lateinischen Buchstaben geschriebene Sprachen auf Anziehsachen liegen in Japan seit Jahrzehnten voll im Trend, doch man kann getrost davon ausgehen, dass mindestens die Hälfte entweder völlig falsch oder völlig unverständlich ist. Ein Klassiker sind Frauen-T-Shirts, auf denen eindeutige Aufforderungen oder Bemerkungen stehen, die die Trägerinnen ganz, ganz sicher nicht verstehen – sonst würden sie vor Scham im Boden versinken. Eine Zeit lang geisterten so zum Beispiel Frauen durch die Gegend, die mit ihrem Bekleidungsstück ansagten, dass sie einen *smooth beaver* haben. Aha. Das darf gerade in Japan bezweifelt werden. Diese Kleidungsstücke zählen zur Kategorie »Da hat sich der Designer einen kleinen Scherz erlaubt«. Gängiger ist allerdings die Kategorie »Wir verstehen kein Englisch und jagen deshalb ein paar Sätze durch den Übersetzungsautomaten«. Heraus kommt natürlich in den meisten Fällen der blanke Schwachsinn. Da hängt es dann ganz vom Träger der Kleidungsstücke ab, wie die stoffgewordene Vergewaltigung fremder Sprachen auf den kundigen Betrachter wirkt. Obercool, laut, mit gegelten Haaren, Sonnenbrille und im Cabrio? Das verstärkt die Wirkung gleich exponentiell.

Aber ...

Was in Japan für Englisch gilt, findet man im Westen umgekehrt mit asiatischen Schriftzeichen: Für jemanden, der diese Schriftzeichen lesen kann, ist ein Gang durch Fußgängerzonen, Schwimmbäder oder Fitnessstudios in Europa und den USA immer wieder ein Vergnügen. Manchmal grübelt man, ob man dem T-Shirt- oder Tattooträger verraten sollte, was da eigentlich steht. So gesehen stehen die Dinge in Japan etwas besser: Da Tätowierungen noch immer von vielen mit den Yakuza in Verbindung gebracht werden und symbolisch eindeutig belegt sind, findet man vollkommen fehlplatzierte Tattoos so gut wie gar nicht.

Es müssen allerdings nicht immer Wörter sein, die die Kleidungsstücke zieren. Wer ein bisschen sucht, wird auch bei Insignien fündig. Klamotten oder Accessoires mit Hakenkreuzen – und ich meine damit nicht das buddhistische Symbol für Tempel – sieht man ebenso wie Satanistenkreuze oder andere, außerhalb Japans aufsehenerregende Symbole. Was diese Symbole bedeuten, hinterfragt so gut wie niemand. Sieht irgendwie cool aus, also wird es gekauft. Natürlich gibt es auch Ausnahmen – wie zum Beispiel Militaria-Fans, die ganz bewusst in voller Kluft der Nationalen Volksarmee der DDR ihren imaginären Dienst antreten und dies durchaus auch gern im Internet mit Fotos belegen. Es hat sich noch immer für alles irgendjemand gefunden.

Manchmal wundert man sich schon, wer wie und warum in Japan eine Modewelle anschubst. Beispiel: Gothic. In Europa sind Gruftis zwar scheinbar vom Aussterben bedroht, aber in Japan nicht. Als Modeerscheinung sieht man sie noch immer herumlaufen, wenn man an den richtigen Plätzen sucht. Während jedoch andernorts das Gruftisein immer mit der passenden Musik und dem passenden Lebensgefühl verbunden ist, hat sich die Mode in Japan vollständig von ihrer Herkunft emanzipiert. Musik egal, Symbole egal – Hauptsache, man hebt sich von der Masse ab.

Das Verhältnis zur bedruckten Wäsche ist in Japan generell etwas anders. Im Westen sind Aufdrucke meist Botschaften in eigener Sache – sei es das Logo der Lieblingsband oder ein Ausdruck der Geisteshaltung –, in der japanischen Mode hingegen gilt das Gedruckte einfach nur als Designelement. Was da genau steht, spielt keine Rolle, und keiner macht sich Gedanken darüber, dass es Menschen gibt, die die Aufdrucke verstehen und einen dann womöglich auslachen. Schlechtes Englisch, von anderen Sprachen ganz zu schweigen, ist nicht nur auf die Mode begrenzt – man findet es eigentlich überall, selbst in millionenschweren Werbekampagnen oder hochoffiziellen Dokumenten. Macht doch alles nichts.

Dementsprechend wird die Zahl der Kleidungsstücke mit ominösen Botschaften in absehbarer Zeit nicht abnehmen, aber das ist auch gut so: Des Englischen mächtige Besucher können sich darauf einstellen, sich gelegentlich vor Lachen kaum noch halten zu können.

Gut zu wissen

Japaner, vor allem die junge Generation, sind extrem modebewusst. Die meisten Trends werden im hippen Bezirk Shibuya/Harajuku in Tokyo geboren, von wo aus der letzte Schrei erst in andere japanische Großstädte und, mit enormer Verspätung, aufs Land wandert. Manchmal sogar ins Ausland. Manche Modewellen sind allerdings so grotesk, dass man hofft, dass sie schnell wieder abgelöst werden. Dazu zählt ganz sicher die *Yamamba*-Modewelle: Die Modeopfer bräunen sich bis zum Äußersten und tragen dazu weißen Lippenstift und breit aufgetragene weiße Augenschminke. *Yamamba* bedeutet wörtlich »Hexe«, und wer das einmal gesehen hat, versteht sofort, wieso der Begriff sehr treffend ist. Zum Kinder-Erschrecken war diese Modeerscheinung auf jeden Fall sehr praktisch.

50

JAPANER BRINGEN SICH LIEBER UM, ALS MIT JEMANDEM ZU REDEN

Selbstmord

Die Arbeitsbedingungen und die Menschenmassen, die gesellschaftliche Isolierung und andere Faktoren tragen dazu bei, dass überdurchschnittlich viele Japaner psychisch erkranken. Zum Psychologen oder Psychiater geht man dennoch nicht. Das hat Folgen.

Es war einmal ein großer Park, mitten in der Stadt Urayasu, nahe Tokyo Disneyland. In dem Park gab es einen Hügel, und auf dem Hügel stand eine ziemlich lange und reichlich hohe Rutsche aus Beton. Ein Fest für die Kinder, zumal man auf dem zugegebenermaßen hässlichen Bauwerk Geschwindigkeiten erreichte, die man auf handelsüblichen Rutschen niemals schaffen würde. Doch eines Tages war die Rutsche verschwunden. Einfach so. Ich war etwas verwundert, denn immerhin hatte die Rutsche selbst schwere Erdbeben ausgestanden (im Gegensatz zu den anderen Sportanlagen im Park). Das Geheimnis lüftete sich, als ich mit einem Anwohner sprach: Die Rutsche war nicht nur bei Kindern beliebt, sondern auch bei Selbstmördern. Während tagsüber Kinder vergnügt kreischend die Rutsche frequentierten, knüpften sich nachts Erwachsene an dem Bauteil auf. Zum Glück hatte ich das vorher nicht gewusst.

Aber ...

Die japanischen Regierungen der letzten Jahre haben das Problem rund um die Selbstmordgefährdung immerhin erkannt und diverse Maßnahmen ergriffen. Die bekämpfen jedoch in der Regel nicht die eigentlichen Ursachen. Zum Beispiel hat man in den Bahnhöfen Wände mit Türen eingebaut, die sich erst nach der Einfahrt des Zuges öffnen. In erster Linie sollen damit Unfälle (vor allem solche, die durch Betrunkene verursacht werden) vermieden werden – aber das Ganze gilt natürlich auch der Prävention von Selbstmorden.

Was waren das doch für Zeiten, als sich die noblen Samurai aus höchst ehrenvollen Gründen selbst entleibten! Ganz stilecht, mit *seppuku* (der Begriff Harakiri ist ein historischer Irrtum – zwar mit den gleichen Schriftzeichen geschrieben, doch andersherum und mit der falschen Lesung) und allem, was dazugehört. Der moderne Samurai leidet hingegen erst ein paar Monate oder gar Jahre, ohne jemandem ein Wort zu sagen, und geht dann mit einem Strick in den Wald – am liebsten in den Aokigahara-Wald am Fuße des Fuji-san, in dem sich pro Jahr über 50 Menschen töten, oder vergast sich im eigenen vorher versiegelten Auto. Auch das Sich-vor-den-Zug-Werfen erfreut sich großer Beliebtheit.

Elendig lange Tage am Arbeitsplatz, maximal ein freier Tag in der Woche, kein Urlaub, das Fehlen jeglicher menschlicher Wärme, Banken, die immer fordernder Schulden eintreiben, eine unheilbare Krankheit oder einfach nur Liebeskummer – Gründe gibt es viele. Und dann wäre da auch noch das Fehlen einer Religion, die Selbstmord strengstens verbietet. Dies sind die eigentlichen gesellschaftlichen und kulturellen Ursachen, die aber natürlich noch lange nicht bedeuten müssten, dass sich so viele Menschen das Leben nehmen. Das Hauptübel ist das kleine japanische Wörtchen *meiwaku* – »Last«. Japaner versuchen, möglichst niemandem zur Last zu fallen – nicht der Firma, nicht der Gesellschaft, nicht den Angehörigen. Zudem fehlt bei vielen noch immer das Bewusstsein, dass es sich bei seelischen Krankheiten wirklich um Krankheiten handelt und nicht um Einbildung oder schlichte Erschöpfung. Das Resultat dieser beiden Eigenarten: Man redet nicht darüber, und man geht natürlich auch nicht zum Arzt. Man will ja schließlich niemandem zur Last fallen.

Wie so oft erkennt die Umgebung erst nach der Tat, was da eigentlich geschehen ist, und nicht selten ist die Arbeit daran schuld. Sei es Mobbing oder Überarbeitung – immer wieder klagen die Hinterbliebenen erfolgreich gegen die Firma. In dem Fall wird aus dem Selbstmord ein *karōshi*, ein Tod durch Überarbeitung, mit entsprechenden Schadensersatzzahlungen. Da sehr viele Frauen im jungen bis mittleren Alter nicht arbeiten – zumindest nicht in Vollzeit –, bringen sich in Japan in erster Linie Männer um. Selbstmord ist die Todesursache Nummer eins unter den 20- bis 44-Jährigen. Und noch eine Statistik: Jeden Tag nehmen sich in Japan etwa 70 Menschen das Leben.

Selbstmorde kann man nicht verhindern. Sie geschehen, und trotzdem ist jeder Selbstmord einer zu viel. In Japan ist man mehr damit beschäftigt, den Schaden durch Selbstmörder (Stichwort Zug, mitten im Berufsverkehr) zu begrenzen, als den Menschen klarzumachen, dass es sehr wohl in Ordnung geht, schnellstmöglich mit jemandem zu reden beziehungsweise sich in Therapie zu begeben. In Tokyo und Umgebung fallen Selbstmörder dabei freilich etwas mehr auf. Bei 30 Millionen Menschen, die so dicht beieinander wohnen, gibt es natürlich entsprechend viele Fälle.

Harte Fakten

Im weltweiten Vergleich ist die Selbstmordrate in Japan sehr hoch, doch es geht noch schlimmer – Südkorea hat eine um fast 50 % höhere Rate als Japan, Tendenz steigend. In Japan hingegen nimmt die Selbstmordrate seit Jahrzehnten ab, was unter anderem der mickrigen Geburtenrate geschuldet ist – ältere Menschen, von denen es im Land immer mehr gibt, tendieren einfach weniger zum Selbstmord. Und doch sind es noch immer knapp 19 Menschen von 100.000, die in Japan freiwillig aus dem Leben scheiden – im Vergleich zu Deutschland, wo sich alljährlich 9 Menschen von 100.000 das Leben nehmen.

51

JAPANER SIND NICHT UNBEDINGT ALS TIERFREUNDE BEKANNT

Tierschutz

Hunde, Katzen und Co. finden auch die meisten Japaner zum Knuddeln, doch wenn man sich genauer umschaut, findet man ein aus westlicher Perspektive, vorsichtig ausgedrückt, mehr als pragmatisches Verhältnis zu Tieren.

Japan steht schon seit Jahrzehnten im Visier internationaler Tierschutzorganisationen – zum einen wegen des Walfangs, zum anderen wegen des Dokumentarfilms *The Cove,* der allerdings journalistisch gesehen streckenweise recht fragwürdig ist. In dem Streifen wird im Detail beschrieben, wie alljährlich ganze Delfinschulen in eine Bucht getrieben und dann »niedergemetzelt« werden. Ein Aufschrei ging durch westliche Länder, zumal man nachwies, dass das Fleisch quasi ungenießbar ist und die Schlachterei daher ohnehin sinnlos. Wen hat's in Japan gekümmert? So gut wie niemanden. Denn die Sache mit den Delfinen ist eine lokal begrenzte Tradition, von der die meisten noch nie im Leben etwas gehört haben. Außerdem sind Delfine doch nur Tiere, oder? Das Gleiche gilt für den Walfang. Sicher, man berichtet in den Nachrichten gelegentlich über Zusammenstöße zwischen Walfängern und Tierschützern, Trawler gegen Schlauchboot, Tradition gegen Moderne, doch so richtig aufregen will sich niemand. Dass die Behauptung, der Walfang diene der wissenschaftlichen Forschung, durch die Walfleischproduktauslagen in jedem mittelgroßen Supermarkt ganz einfach ad absurdum geführt werden kann, ist ebenfalls maximal eine Randnotiz wert.

Um es auf den Punkt zu bringen: Man hat es nicht so mit dem Tierschutz in Japan. Erst recht nicht, wenn die Tiere weit weg leben. Und das hat man mit seinen ostasiatischen Nachbarn durchaus gemeinsam. Wenn man Japaner mit der Aussage konfrontiert, dass die beliebten Blauflossenthunfische bald aussterben könnten, hört man nicht selten die Antwort: »Oh! Bevor das passiert, muss ich das unbedingt noch mal essen!« Dass die eigenen Kinder vielleicht auch irgendwann in den Genuss von Blauflossenthunfisch-Sushi kommen möchten, wird gern ausgeblendet. Anders gesagt, fehlt vielen die Einsicht, dass man selbst mit seinem Konsum zum raschen Aussterben beiträgt. Schuld sind immer die anderen, oder man nimmt ganz einfach das Aussterben als naturgegeben hin – als etwas, das so oder so geschehen wird, ob man nun selbst dazu beiträgt oder nicht. Und so isst man noch immer, ob aussterbend oder nicht, alles, was in den Meeren dieser Welt herumschwimmt.

Zurück aufs Land. Eine andere Version der japanischen Tierliebe äußert sich bei sogenannten Tierfreunden, die vor vielen größeren Bahnhöfen Spenden sammeln. Um eindringlich auf die Not ausgesetzter Haustiere zu verweisen, werden diese den Passanten von morgens bis abends präsentiert – eingepfercht in winzig enge Käfige. Was verwundert, ist die Tatsache, dass die Tiere die ganze Zeit still sind. Nein, es sind keine (in bester Monty-Python-Manier) norwegischen Papageien, sondern wirklich lebendige Tiere. Wie es ein echter Tierfreund übers Herz bringen kann, im Namen des Tierschutzes die Schutzbefohlenen den ganzen Tag lang auf so engem Raum einzusperren, bleibt ein Mysterium. Man könnte es auch Bigotterie oder wenigstens Betrug nennen. Das ist alles, aber keine Tierliebe. Die muss man leider auch vielen Hundehaltern absprechen: Vor allem denen in Großstädten, die ihre Kläffer bei 10 Grad plus in dicke Wintersachen einpacken, damit Fiffi sich nicht den Schwanz abfriert. Oder der Tierindustrie im Allgemeinen, die ganze Hunderassen zu Tode züchtet, um die niedlichste Dobermann-Chihuahua-Mischung überhaupt hervorzubringen. Hauptsache, der Wauwau ist süß.

Gelegentlich gehen auch ominöse Trends durch das gesamte Land. Ein Paradebeispiel war der sogenannte *Wooper-Looper,* eigentlich Axolotl genannt, ein blasser, kränklich aussehender Molch-Dingsda aus Mexiko, der durch einen Instantnudelwerbespot Berühmtheit erlangt hatte. Plötzlich wollte jeder so ein Vieh zu Hause haben, und es wurde auf Teufel komm raus gezüchtet. Die meisten hatten natürlich noch nie vorher ein Haustier besessen und damit keinerlei Ahnung, wie man die Biester in Betrieb hält. Doch es war sowieso nur eine Frage der Zeit, bis der erste Japaner sich fragen würde, wie so ein Molch eigentlich schmeckt. Von dort bis zum ersten Restaurant, das frittierte Axolotl auf die Speisekarte setzte, war es dann nur noch ein kleiner Schritt. Wenige Jahre später hatte schließlich jeder das Tier wieder vergessen.

So gesehen kann man das Verhältnis der Japaner zu Tieren als pragmatisch ansehen. Man sieht in ihnen ... Tiere. Und viele Tiere werden einfach nur als Nahrungsquelle eingeordnet. Aus diesem Grund gibt es auch verhältnismäßig wenige Vegetarier und schon gar keine militanten Tierschützer. Geht es allerdings um heimische, vom Aussterben bedrohte Tierarten wie die Iriomote-Wildkatze oder den Toki genannten Vogel auf der Insel Sado, reißt man sich auch in Japan gern ein Bein aus. Im Falle beider Arten hat das ganz profane Gründe, denn die Tiere sorgen für Touristen. Und so gibt es auch schon die ersten ehemaligen Wal- und Delfinjäger, die gemerkt haben, dass sich mit Whale- und Dolphinwatching eventuell sogar mehr Geld verdienen lässt als mit dem Jagen der Tiere.

Harte Fakten

In Japan gibt es rund 10 Millionen Hunde – und ebenso viele Katzen, die wohl bald die Hunde überholen werden. Die im Westen so gängigen Haustiere waren vor wenigen Jahrzehnten noch eine Seltenheit in japanischen Städten, mittlerweile steigt ihre Zahl aber rasant. Dieser Trend ist vor allem der Zunahme geräumigerer Wohnungen zu verdanken. Trotz den vielen Hunden in den Städten sieht man dankenswerterweise nirgendwo Hundehaufen – in Japan wird es als Selbstverständlichkeit angesehen, hinter dem Hund sauberzumachen.

52

ALLE JAPANER SIND VERNARRT IN KNUBBELIGE, MANCHMAL ECHT HÄSSLICHE FIGUREN

Maskottchen

Wohin man auch schaut – im Fernsehen, auf Postern, in Büchern, im Internet, in Einkaufszentren –, überall grinsen einen mal mehr, mal weniger schräge Maskottchen an. Man wähnt sich oftmals in einem gigantischen Kinderzimmer.

Es ist noch gar nicht so lange her, dass Tokyo Disneyland ein neues Maskottchen herausgab: ein bärenähnliches Ding, das gleichzeitig etwas von Mickey Mouse hatte. Das schlug ein wie eine Bombe: Man konnte das Bärenähnliche nur vor Ort kaufen, und so machten sich viele Millionen Japaner, hauptsächlich junge Frauen, auf den Weg, um das Objekt der Begierde zu ergattern. Maskottchen oder *character*, wie sie im Englisch-Japanischen genannt werden, sind wahrscheinlich keine japanische Erfindung, aber sie sind definitiv wie für Japan gemacht. Disneyfiguren, vor allem die klobige Maus, sind seit Jahrzehnten die absoluten Dauerbrenner. Die Maus findet man – wahrscheinlich auch noch in hundert Jahren – auf unzähligen Produktreihen von Süßigkeiten über Wäsche bis hin zu Mobiltelefonen und Unterrichtsmaterialien für Englisch.

Nachgedacht ...

Japanische Maskottchen vermitteln immer irgendwie das Gefühl, dass doch alles gar nicht so ernst und schlimm ist – mit ihnen verwandelt sich der harte Alltag in rosa Blubberblasen. So gesehen haben sie sicher ihren psychologischen Nutzen für einige Menschen. Anders kann man sich den Hang der Japaner zum Maskottchen nicht erklären.

Japanische Kinder wachsen mit den Figuren vom Babyalter an auf. Und man steigert sich im Laufe der Lebensjahre – so vorhersehbar, dass man regelrecht von Epochen im Großwerden sprechen kann. Disney ist von Anfang bis Ende dabei, zusätzlich gibt es aber noch all die japanischen Erfindungen wie *Anpanman* – ein sprechendes Brot mit süßer Bohnenfüllung, das jedem, der in Not ist und großen Hunger hat, an sich knabbern lässt. Wäre da nicht *baikinman,* der »Bakterienmann«, sein ärgster Widersacher. Die Marketing-Maschinerie rund um *Anpanman* und seine Trickfilmkollegen, deren Zahl in die Hunderte geht (Currybrotmann! Melonenbrotmann!), ist riesig: Einen Themenpark gibt es, einen *Anpanman*-Anzug und Tausende und Abertausende von Produkten mit seinem gewöhnungsbedürftigen Antlitz. *Anpanman* ist dabei das erste und letzte geschlechtsneutrale Wesen unter den Maskottchen – danach wird wunderbar in Mädchen und Buben unterteilt, damit später ja keiner aus der vorgeprägten Geschlechterrolle fällt und etwa als Mädchen in den Irrsinn verfällt, Karriere machen zu wollen *und* Kinder zu haben. Das wäre ja völlig abnormal.

Der wirtschaftliche Effekt der ganzen Maskottchen ist nicht zu verachten. Jede Präfektur, aber auch jede noch so popelige Kleinstadt hat ihr eigenes Maskottchen, und wenn das außerhalb der Stadtgrenzen bekannt wird, kann sich die Gemeinde auf sprudelnde Einnahmen dank steigender Besucherzahlen und unbegrenztem Merchandising erfreuen. So hat es zum Beispiel der schwarze Bär mit den roten Pausbäckchen, genannt *Kumamon,* als Maskottchen der gleichnamigen Präfektur ganz weit nach oben gebracht. Selbst im fernen Tokyo sieht man das Tier auf allen möglichen Produkten prangen. Ganz weit oben auf der Beliebtheitsskala rangiert auch *Funasshi,* das unsagbar hässliche gelb-hellblaue Maskottchen der Stadt Funabashi – ein Ort, durch den man eigentlich nur schnell durchfahren möchte.

Viele Charaktere sind sehr, sehr einfach gehalten und können mit wenigen Strichen nachgemalt werden. Andere sind etwas komplexer und spiegeln die Fantasie des Designers wider. So gibt es eine Stadt bei Nagoya, die mit ihrem Maskottchen auf die »Meeresfrauen« aufmerksam machen will – auf die bekannten Taucherinnen, die dort, früher gern barbusig, nach Muscheln und anderem suchten. Das Maskottchen ist nichts anderes als eine zur Figur gewordene Männerfantasie. Überraschenderweise fanden das sogar viele Japaner (die sonst bei Themen rund um Gleichberechtigung ja eher schmerzbefreit sind) unangemessen, vor allem aber die – noch immer existierenden – Taucherinnen, hat doch das sexy Luder rein gar nichts mit der harten Arbeit am Meeresboden zu tun.

Gut zu wissen

Man muss nicht lange suchen, um wirklich abstruse Figürchen zu finden – wie zum Beispiel *Butakkusu* (*buta* = Schwein, *takkusu* = Steuer), das fröhliche Gemeindesteuerschweinchen von Kawasaki, das ganz süß und niedlich, aber eindringlich dazu auffordert, auch ja die horrend hohe Kommunalsteuer pünktlich zu entrichten. Oder der Hase *Maina-chan*, der jedem Japaner weismacht, dass alles ganz toll wird, wenn die japanische Regierung alle persönlichen Daten – einschließlich sämtlicher Bankkonten und Transaktionen – einlesen und auswerten kann. Schöne neue, niedliche Welt!

53

WENN ES UM SPRACHE GEHT, WERDEN JAPANER RICHTIG KREATIV

Fremdwörter

Man sollte meinen, dass Abkürzungen in Sprachen, die Schriftzeichen benutzen, nahezu unmöglich sind – schließlich kann man ja nicht einfach so ein paar Striche auslassen. Japan bildet hier jedoch, wie so oft, eine Ausnahme.

Amefuto. Sekuhara. Baito. Purareeru. Was haben diese exotisch anmutenden Wörter gemeinsam? Nun, sie sind alle aus Fremdsprachen entlehnt, kommen so aber nur in Japan vor. *Amefuto* und *sekuhara* sind dabei sehr typische Vertreter des auch in Japan grassierenden Abkürzungsfimmels. Der existiert hier aus gutem Grund. Die meisten japanischen Wörter sind vergleichsweise kurz, am häufigsten zweisilbig (wenn man von Verben einmal absieht), doch das Transkribieren ausländischer Wörter ins Japanische sorgt meist für überlange, zungenbrecherische Gebilde, die nicht leicht über die Lippen gehen. In diesem Fall wird zur linguistischen Schere gegriffen und das Ungetüm auf maximal vier Silben zurechtgeschnitten. Aus *American Football*, transkribiert *amerikan futtobooru*, wird so *amefuto*, und aus *sexual harrassment*, vollständig ausgeschrieben *sekusharu harassumento*, wird *sekuhara*. Quasi täglich wird die japanische Sprache so um einige Wörter reicher, und ältere Japaner haben ruckzuck keinerlei Ahnung mehr, wovon die Jungspund da eigentlich faseln. Zumal es ja auch keinen Duden oder ein anderes Regelwerk gibt, in dem jemand ein Machtwort ausspricht, was wie und warum abgekürzt werden darf und soll.

Aber ...

Sprachen, die sich nicht ändern, sind tote Sprachen. Geht man nach diesem Leitsatz, ist Japanisch eine durch und durch lebendige Sprache, die permanent neue Wörter generiert sowie nicht selten bestehende Bedeutungen verändert. Das Ganze geschieht in einem atemberaubenden Tempo. Interessanterweise ist jedoch kein Trend weg von den chinesischen Schriftzeichen zu erkennen. Wer also Japanisch lernen möchte, wird auch in den nächsten Jahrzehnten nicht ums Zeichenpauken herumkommen.

Doch der Abkürzungsfimmel beschränkt sich nicht nur auf Entlehnungen aus Fremdsprachen. Auch vor japanischen Wörtern macht man nicht Halt. Da ist dann von einem *YDK*-Kind die Rede – das steht für *yareba dekiru* und bedeutet »etwas schaffen, wenn man es nur möchte«, oder von einer *BKY*-Person *(ba no kuuki yomenai)* – einem Menschen, der sich nicht der Situation angemessen verhält. Viele dieser Abkürzungen tauchen zuerst in Mangas auf, verbreiten sich in Windeseile und sind nach ein paar Jahren wieder vergessen, doch solange diese Wörter en vogue sind, hört man sie an allen Ecken und Enden.

Damit nicht genug: Da in Japan lateinische Buchstaben ebenfalls weitverbreitet sind, benutzt man gern auch aus dem Englischen entlehnte Abkürzungen wie EU oder UNESCO – aber nicht immer. Manchmal übersetzt man die Begriffe auch, aber das hängt vom Medium und vom Autor ab. Richtig interessant wird es bei pseudoenglischen Abkürzungen wie zum Beispiel *TPO* – das steht für *time, place & occasion*. So sollte der dienstbeflissene Japaner immer darauf achten, dass die eigene Kleidung *TPO* ist – also der Zeit, dem Ort und den Umständen angemessen. Aha. Die Abkürzung *TPO* versteht dabei niemand außerhalb Japans, denn diese Zusammensetzung ist eine rein japanische Erfindung. Manchmal wundert man sich, wie sich die Japaner in ihrem Kauderwelsch aus echten und falschen Fremdwörtern sowie vier verschiedenen Schriftsystemen zurechtfinden. Die Antwort: Sie finden sich nicht zurecht. In keiner anderen Sprache habe ich es so häufig erlebt, dass zwei Muttersprachler nachhaken müssen, um herauszufinden, was der andere meint. Hinzu kommt, dass man sich bei vielen Wörtern nicht einig ist: Wird das englische Wort *simulation* auf Japanisch nun *shimureeshon* geschrieben oder *shumireeshon?* Beide Varianten findet man häufig, wobei die zweite völlig verkehrt klingt. Leider gibt es keine sprachliche Autorität, die auf den Tisch hauen kann und sagt: Leute, *shumireeshon* ist falsch, lasst das! So hielt und hält sich bei vielen Japanern die Meinung, dass Avocado auf Japanisch *abogado* geschrieben und gesprochen wird. Wie sich das g eingeschlichen hat, ist leider nicht bekannt, und so hält sich die verballhornte Form hartnäckig im Sprachschatz.

Übrigens: Das eingangs aufgelistete Wort *baito* ist die verstümmelte Form des deutschen Wortes »Arbeit« – allerdings hat sich die Bedeutung etwas geändert, denn *baito* bedeutet heute das, was man im Deutschen als »Job« bezeichnet, also ein Arbeitsverhältnis ohne feste Anstellung. *Purareeru* wiederum ist allen japanischen Jungen ein Begriff – es steht für *plastic railway (purastikku reeruwei)* und ist eine Spielzeugeisenbahn aus Plastik.

Harte Fakten

Da Japanisch eine Silbensprache ist, gestaltet sich das Schreiben und Sprechen ausländischer Wörter oft schwierig – spätestens dann, wenn die Fremdsprachen eben keine Silben-, sondern Wortsprachen sind. Hinzu kommen weitere Eigenarten wie das Fehlen von Silben wie »tu« und »si« oder die Tatsache, dass »r« und »l« nicht unterschieden werden. Aus Berlin wird so *berurin*, aus Stuttgart *shututtogaruto*. Sobald die Wörter etwas länger werden, kann man gut nachvollziehen, warum man im Japanischen so gern Abkürzungen verwendet.

54

IN MANCHEN DINGEN IST JAPANISCH DIE VIELLEICHT SCHWERSTE SPRACHE DER WELT

Namen

Chinesische Schriftzeichen, mehrere mögliche Lesarten für einzelne Zeichen sowie der in Elternkreisen immer größer werdende Trend, den Kindern ausgefallene Namen zu geben, sorgen regelmäßig für große Verwirrung, wenn es um die simple Aufgabe geht, einen Namen vorzulesen. Diese Verwirrung betrifft wohlgemerkt die Japaner, also die Muttersprachler selbst.

Was waren das noch für Zeiten, als gewisse Regeln wenigstens für etwas Klarheit im Dschungel der japanischen Namen sorgten! Endete der Vorname auf »-ko« oder »-mi«, handelte es sich in der Regel um eine Frau. War der Name ein- oder viersilbig, war es meist ein Mann. Doch selbst damals gab es genügend Ausnahmen: Tomomi ist zwar ein typischer Frauenname, doch es gibt durchaus auch Männer, die so heißen. Dabei bereiten die japanischen Familiennamen eigentlich schon genügend Kopfzerbrechen: Während es in Korea nur ganze 300 verschiedene Familiennamen gibt (Lee! Kim!) und sich chinesische Namen – selbst wenn seltene Zeichen genutzt werden – aufgrund diverser Regeln relativ leicht lesen lassen, gibt es in Japan Zehntausende verschiedene Familiennamen und etliche Stolpersteine – die japanischen Vorfahren waren offensichtlich sehr kreativ bei der Namensfindung. Abseits der Suzukis, Watanabes, Abes, Takahashis und Hondas schlummern im Familienregister unzählige Namen, die selbst dem ausgebufftesten Schriftzeichenkenner den Angstschweiß auf die Stirn treiben. Die Tatsache, dass die falsche Aussprache des Namens ein Affront ist, macht die Angelegenheit nicht gerade einfacher. Umso wichtiger ist es, gleich zu Beginn eines Gespräches eine Visitenkarte einzuheimsen, die in vielen Fällen gleich die Lesung des Namens mitliefert.

Aber ...

Die Vielfalt an Namen hat auch ihr Gutes, schließlich kann man damit peinliche Pausen im Small Talk umgehen und hat beim ersten Treffen gleich eine Vielzahl von Gesprächsthemen parat: Mit welchen Zeichen wird der Name geschrieben? Wird das alte oder das neue Schriftzeichen benutzt? Oft gibt es mehrere Möglichkeiten, einen Namen zu schreiben. Und schließlich die Frage nach der Herkunft: Beispielsweise leben 70 % aller Nagatomos in der Präfektur Miyazaki.

Bei Vornamen wird es in jüngster Zeit auch um ein Vielfaches komplizierter: Sogenannte *ateji* liegen schwer im Trend – man benutzt ein gewisses Wort, um etwas zu beschreiben, und wählt dann nach eigenem Gutdünken Schriftzeichen aus, die einem gerade passend erscheinen. Und schon hat man einen Namen, den man einfach nicht lesen kann, denn die zugeschriebene Lesung existiert eigentlich gar nicht. Das ist in etwa so, als ob man den Namen seines Kindes »Bernd« schreibt, aber festlegt, dass »Harald« gelesen werden soll. Das ist in Japan erlaubt und sorgt vor allem bei Lehrern für ganz große Freude, wenn sie am Schuljahresanfang die Namen aller 30+ Zöglinge auswendig lernen müssen, um die Anwesenheitsliste durchgehen zu können. Für die Kinder ist die Gier der Eltern nach Individualität fortan eine Last, denn sie werden im Laufe ihres Lebens Zigtausende Male erklären müssen, wie man ihren Namen schreibt oder liest. Von der Eingabe am Computer mal ganz zu schweigen.

Leider ist das große Namenspuzzle in Japan nicht auf Personennamen beschränkt. Auch Ortsnamen sind betroffen – es gibt unzählige, die nur die Alteingesessenen korrekt aussprechen können. Das sorgt letztendlich dafür, dass man bei japanischen Eingabeformularen, digital wie analog, oft die doppelte Arbeit hat: Mit der Eingabe des Namens und der Adresse ist es nicht getan; stattdessen muss man auch noch angeben, wie der Name und die Adresse gelesen werden müssen. Was also Eigennamen angeht, kann man Japanisch getrost als die schwerste Sprache der Welt bezeichnen, denn wo sonst können die Einwohner selbst einen großen Teil ihrer Namen nicht lesen?

Gut zu wissen

So verbreitet manche japanische Begriffe im Westen auch sind: Sie werden meist falsch ausgesprochen. Das betrifft die Lesung, aber auch die Betonung. Wie viele Menschen wissen schon, dass Sushi eigentlich »ßushi«, Judo »dschu-udoo« (erstaunlicherweise sprechen das die Österreicher korrekt aus) und Kamikaze »kamiKAse« gelesen werden?

55

JAPANS HÖCHSTER BERG SORGT FÜR ENTTÄUSCHUNG

Fuji-san

Kaum etwas assoziiert man so sehr mit der landschaftlichen Schönheit Japans wie den 3.776 Meter hohen Fuji-san mit seiner fast perfekten Kegelform und dem schneebedeckten Gipfel. Bis man an den Berg herantritt. Und zwar im Sommer.

Seit diverse Reiseportale damit begonnen haben, die Leser nicht nur Hotels, sondern auch Sehenswürdigkeiten bewerten zu lassen, herrscht Aufruhr in Japan. Der Fuji-san – nein, nicht Fujiyama oder gar Fudschijama! – bekommt die eine oder andere schlechte Kritik. Und das, obwohl doch der Berg sogar in die Liste des UNESCO-Weltnaturerbes aufgenommen wurde! Skandalös! Die einen mäkeln am langweiligen Aufstieg herum, andere sind bitter enttäuscht, im Sommer keinen Schnee auf dem Gipfel zu sehen, und wieder andere sind schockiert ob der Besucherheerscharen.

Der Fuji-san macht es dem Besucher nicht unbedingt leicht. Man sieht ihn meistens nur im Winter oder nach einem Taifun, also eigentlich genau dann, wenn man ihn nicht besteigen darf, denn der Berg ist für Laien nur im Juli und August geöffnet. In den Sommermonaten ist er zudem schneefrei, und das ändert den Eindruck schon gewaltig, denn nur mit Schneekappe ist der, wohlgemerkt aktive, Vulkan so richtig sexy. Doch so schön er von Weitem auch aussieht – von einem hässlichen Nebenkrater einmal abgesehen, der aber nicht von allen Richtungen sichtbar ist –, die Form des Fujisan lässt schon erahnen, dass der Aufstieg nicht unbedingt das Packendste ist, was man in den Bergen so erleben kann. Es geht einfach nur bergauf. 2.000 Höhenmeter oder mehr, je nachdem, wo man beginnt. Und es wird immer steiler. Und die Luft wird zunehmend dünner. Keine Bäume, keine Sträucher – einfach nur Geröll, so weit das Auge reicht. Anders gesagt: Der Aufstieg ist extrem langweilig.

Man kann sich jedoch die Zeit gut damit vertreiben, seine Mitmenschen zu beobachten. Mehr als 100.000 Besucher – der Großteil kennt Berge nur von unten und hat keinerlei Ahnung, was in Sachen Höhenkrankheit auf sie zukommen wird – kraxeln in der Saison irgendwie den Berg hoch. Vorzugsweise passiert das nachts, denn erstens gibt es auf der Strecke nirgendwo Schatten und zweitens gilt es als schick, am Morgen vom Gipfel aus den Sonnenaufgang zu betrachten. Über die Höhenkrankheit haben alle irgendwie irgendwo etwas gelesen und haben ordentlich Bammel davor, schließlich ist es ja schwer vorhersagbar, wen sie treffen wird und wen nicht. Deshalb haben die meisten Wanderer allerlei Klimbim dabei und hängen schon ab 2.500 Meter Höhe am Sauerstoff aus der Dose, weil sie fehlende Kondition mit Sauerstoffmangel verwechseln. Die wenigen Routen – es gibt vier davon – sind dabei so stark überlaufen, dass man kaum darum herumkommt, langsam zu gehen. Immerhin braucht man nachts keine eigene Lampe, da immer genügend leuchtende Mitmenschen da sind. Das ist praktisch und gut für die Umwelt.

Ist man endlich oben angekommen, wartet die nächste Überraschung (die eigentlich keine sein sollte, wenn man die Japaner ein bisschen kennt): Der Kraterrand ist vollgebaut mit einfachen Restaurants und Souvenirshops sowie einem kleinen Postamt. Auch hier herrscht erwartungsgemäß Gedränge – vor allem in der Stunde vor Sonnenaufgang, wenn alle ihre riesengroßen Teleobjektive auspacken. Ein großes »Ooooh!« und »Aaah!« geht dann durch die Menge, bevor alle wieder einpacken und sich auf den – übrigens nicht weniger anstrengenden – Abstieg machen. Ein Mal reicht.

Praxistipp

Ein Sprichwort besagt, dass ein Held ist, wer den Fuji-san einmal besteigt, aber ein Idiot, wer das zweimal tut. Das ist nachvollziehbar. Ohne die Menschenmassen wäre der Berg eventuell ein bisschen attraktiver, aber der Hauptreiz des Fuji-san ist nicht der Berg selbst, sondern die Ansicht aus der Entfernung. Für ausgedehnte wundervolle Bergwanderungen und Kletterpartien gibt es Tausende schönere Berge in ganz Japan. Trotzdem sollte man eine Besteigung des Fuji-san nicht versäumen – immerhin ist der Berg das Höchste, was es im Umkreis von ein paar Tausend Kilometern gibt.

Am bequemsten ist der Aufstieg von der fünften Station auf der Yoshida-Route auf rund 2.300 Metern Höhe, denn es gibt zahlreiche Fernbusse, die direkt aus Tokyo und anderen Städten dorthin fahren. Wer gut bei Kräften ist, kann sich beim Abstieg für die Sunabashiri-Route (auch Gotemba-Route genannt) entscheiden – eine sandige, steile Strecke, die ein bisschen wirkt, als sei sie auf dem Mond, und die man eigentlich nur rennend-hüpfend bewältigen kann. An zahlreichen Stationen (der Gipfel ist immer die zehnte Station) gibt es sehr schlichte Übernachtungsmöglichkeiten.

NACHWORT

Dieses Buch möchte ich an dieser Stelle Akiko, Alia und Lou widmen. Ein besonderer Dank gilt auch Professor Gesine Foljanty-Jost und Professor Reinhard Zöllner, zwei Japanologen, die ich seit langem sehr schätze.

Lust auf mehr? Folgen Sie dem Autor durch sein Leben in Japan auf Tabibito's Japan-Blog: www.tabibito.de/japan/blog!

Die wohl amüsanteste deutsch-japanische Liebesgeschichte

Andreas Neuenkirchen mit Junko Katayama
Matjes mit Wasabi
Eine deutsch-japanische Culture-Clash-Liebe

ISBN 978-3-95889-116-6
ISBN 978-3-95889-129-6

www.matjes-mit-wasabi.de

»Ich bin in Tokio mittlerweile so sehr vereinsamt, dass die Waschmaschine meine einzige verlässliche Konversationspartnerin ist. Immerhin treffe ich morgen diese Dolmetscherin. Nicht, dass das ein Date wäre ...«

Drei Jahre später sind Andreas und Junko verheiratet, vier Jahre später ist Nachwuchs im Anmarsch und fünf Jahre später schreiben sie auf, wie das alles passieren konnte. Eine Liebesgeschichte zwischen Tokio, München und Bremen-Vegesack, im Spannungsfeld von Dirndl und Kimono, von Schweinshaxn und Reisbällchen, deutscher Korrektheit und japanischer Überkorrektheit, runtergespült mit der nötigen Menge Weißbier und Sake.

Müssen Japaner unbedingt Milchtüten bügeln und Deutsche täglich Fenster putzen? Ist man eine schlechte japanische Ehefrau, wenn das Abendessen aus weniger als fünf Gerichten besteht? Wird ein deutscher Ehemann es überhaupt bemerken? Und was kommt dabei heraus, wenn Matjes-Tempura im Backofen brutzeln?

»*Please create a new culture!*«, wiederholt der Vater der Braut mantramäßig seinen einzigen englischen Satz. Und nichts Geringeres haben Tochter und Schwiegersohn sich vorgenommen.

»*Amüsante Lektüre.*«
(*Lonely Planet Traveller*)

CONBOOK
www.conbook-verlag.de

Wigges härteste Challenge:
50 US-Staaten in 50 Tagen!

Michael Wigge
Fifty States of Wigge
50 Staaten – 50 Tage – 50 Challenges

In Kooperation mit dem WDR Fernsehen

ISBN 978-3-95889-119-7
ISBN 978-3-95889-148-7

Er will innerhalb von 50 Tagen alle 50 Staaten der USA durchqueren, und das ganz allein in einem Campervan – verrückt oder genial oder beides?

Nachdem er ohne Geld bis ans Ende der Welt gereist ist, sich vom Apfel zum Eigenheim hochgetauscht hat und auf einem Tretroller durch Deutschland gefahren ist, stellt Michael Wigge sich seiner neuen Herausforderung. Innerhalb von 50 Tagen will er alle 50 Staaten der USA durchqueren. Insgesamt 25.000 Kilometer bestreitet er dabei ganz allein in seinem Campervan.

Das wäre ja noch eine halbwegs machbare Aufgabe, würde sich Wigge nicht auf einer ganz besonderen Kulturmission befinden: In 50 schrägen Challenges will er jedem der amerikanischen Bundesstaaten auf den Zahn fühlen und herausfinden, was wirklich typisch für Land und Leute ist.

Entdeckt Wigge einen bekennenden Republikaner unter all den Demokraten im Staat Washington? Wird er es in Oregon schaffen, die Stadt Boring an einem Abend in ein Partymekka zu verwandeln? Und wie schafft Wigge es, in den letzten Stunden seiner Reise einen Toast Hawaii in Hawaii aufzutreiben?

US-Kultur im Schnelldurchlauf – geht das? Michael Wigge findet es heraus. Denn wo ein Wigge ist, ist auch ein Weg!

www.conbook-verlag.de

Ein Fahrrad, 26 Länder und jede Menge Kaffee

Ein wahnwitziges Reiseabenteuer zwischen Aufbruchlaune, Selbstfindung und ungewöhnlichen Begegnungen auf 14.037 Radkilometern.

Eines Tages wirft der Unternehmensberater Markus Weber seine heile Welt über den Haufen und stürzt sich Hals über Kopf in ein Abenteuer.

Er setzt sich auf sein Fahrrad und fährt los – durch 26 Länder, bis nach Togo. Seine Reise führt ihn durch verlassene osteuropäische Dörfer und über zermürbende Sandpisten in Westafrika. Er fährt per Anhalter durch die Sahara, radelt durch den unerschlossenen guineischen Regenwald und schmuggelt sich in Liberia über geschlossene Grenzübergänge.

Alles, um zwei Fragen zu beantworten: Wer bin ich? Und: Gibt es eigentlich *Coffee to go* in Togo?

Markus Maria Weber
Ein Coffee to go in Togo
Ein Fahrrad, 26 Länder und jede Menge Kaffee

ISBN 978-3-95889-138-8
ISBN 978-3-95889-143-2

CONBOOK
www.conbook-verlag.de

Die Kult-Reise-Abenteuer
von Andreas Brendt

»Ein starkes Debüt, das Fernweh weckt!«
(BÜCHER)

*»Ich hab selten beim Lesen so viel
Fernweh gehabt.« (SWR 3)*

*»Unglaublich witzig und unterhaltsam
und gleichzeitig mit Tiefgang.
Vorsicht: Suchtgefahr.« (active women)*

*»Ein Buch mit großer Erzählkraft,
Tiefsinn und einer Prise Humor.«
(Aachener Nachrichten)*

Nach zehn turbulenten Reisejahren ist Andi
zurück in der Heimat und stürzt sich in das
Experiment Deutschland, um den Alltag
als Lehrer zu proben. Doch dann kommt
sie: Paula. Andis Welt steht Kopf und die
Sehnsucht nach Meer wird unbezwingbar.
Gemeinsam brechen sie auf, finden das Abenteuer, leben die Liebe und lieben das Leben.

Bis sie den Boden unter den Füßen verlieren und alles aus der Bahn geworfen wird.
Plötzlich befindet sich Andi auf der aben-
teuerlichsten Reise seines Lebens – ohne
davon zu ahnen.

Andreas Brendt
Boarderlines
ISBN 978-3-943176-99-5
ISBN 978-3-95889-086-2

Andreas Brendt
Boarderlines – Fuck You Happiness
ISBN 978-3-95889-117-3
ISBN 978-3-95889-122-7

CONBOOK
www.conbook-verlag.de